中小学生核心素养系列丛书

中小学生
体育教育知识

李柯辰　曾　明　编著

应急管理出版社
·北京·

图书在版编目（CIP）数据

中小学生体育教育知识/李柯辰，曾明编著． - - 北京：应急管理出版社，2021
（中小学生核心素养系列丛书）
ISBN 978 - 7 - 5020 - 8764 - 7

Ⅰ.①中…　Ⅱ.①李…　②曾…　Ⅲ.①体育教育—中小学—课外读物　Ⅳ.①G634.963

中国版本图书馆 CIP 数据核字（2021）第 106946 号

中小学生体育教育知识（中小学生核心素养系列丛书）

编　　著	李柯辰　曾　明
责任编辑	高红勤
封面设计	何洁薇

出版发行　应急管理出版社（北京市朝阳区芍药居 35 号　100029）
电　　话　010 - 84657898（总编室）　010 - 84657880（读者服务部）
网　　址　www.cciph.com.cn
印　　刷　北京九天鸿程印刷有限责任公司
经　　销　全国新华书店

开　　本　710mm×1000mm$^1/_{16}$　印张　$7^1/_4$　字数　100 千字
版　　次　2021 年 7 月第 1 版　2021 年 7 月第 1 次印刷
社内编号　20201792　　　　　定价　29.80 元

序 言

　　中国近代教育的先驱者和奠基者蔡元培先生认为，"完全人格，首在体育"。发展体育对于民族和国家具有举足轻重的意义。因此，赛跑、球类、游泳、体操等运动项目开始在我国校园普及。

　　体育的重点不在"体"，而在"育"。体育运动不是单一的体能训练，而是一种综合的社会化教育。通过体育教育，可以培养学生的毅力、学习能力，可以锻炼学生的意志，提高学生的责任心，让他们在融入集体的同时还能保持自我健全的人格。

　　中华人民共和国成立后，学校体育的首要目标就是加强学校体育教育，让更多的学生重视并积极锻炼身体，让他们拥有"狮子样的体力，猴子样的敏捷，骆驼样的精神"。

　　中国进入新时代后，学生的生活发生了很大的变化，这时学校体育教育应该怎样做？2020年10月15日，中共中央办公室厅、国务院办公厅印发了《关于全面加强和改进新时代学校体育工作的意见》，对新时代体育教育提出了新的要求。

　　为了将中共中央新时代学校体育的意见落到实处，特撰写了本书。本书基本涵盖了中小学体育课的全部内容，为了方便同学们阅读，本书将一些艰涩难懂的专业术语转换成中小学生能读懂的语言。每节除了以一个有趣的小故事开头外，还配有可爱的插图。

本书一共分为七章。第一章主要介绍了体育教育，让同学们从思想上认识体育课的重要性；第二章主要介绍了中国传统体育的历史，如君子六艺、划龙舟、蹴鞠、马球等，让同学们继承中华传统文化；第三章主要介绍闻名世界的中国武术，宣扬中华民族的尚武精神；第四章主要介绍了一些基本体育技能，比如跑步、跳跃、游泳等，丰富同学们的体育知识；第五章主要介绍体育运动中涉及的一些健康知识，如热身运动、科学锻炼、运动损伤急救等，让同学们科学运动；第六章主要介绍了一些专项运动，如足球、篮球、乒乓球、田径、滑冰、棋牌运动等，让同学们了解这些体育运动的历史及比赛赛制；第七章主要介绍了体育竞赛，让同学们了解一些竞技知识。

本书每一节都由"导读站""体育小课堂""体育老师说"三部分构成。"导读站"是以一个有趣的小故事开始，吸引同学们的兴趣；"体育小课堂"主要是一些体育知识的介绍，或体育的历史，或运动方法，或运动技巧，以期增加同学们对体育的认识，从而爱上体育运动，科学地运动；"体育老师说"主要是体育老师的一些叮嘱，或运动注意事项，或一些勉励同学的话，或一些运动小常识，以期减少运动伤害，让同学们快乐运动。

目　录

第一章 认识体育教育

- 新中国体育发展史

- 体育课为什么如此重要

- 我们需要怎样的体育课

- 身体健康关系着心理健康

一 新中国体育发展史

导读站

要上体育课了，同学们都很开心，大家叽叽喳喳地讨论老师会教什么。这时"好奇宝宝"圆圆说："昨天我看了一篇文章，里面说我们国家好像20世纪80年代才赢得第一块奥运会金牌，这不可能是真的吧？"

这时体育老师正好走进了教室，他听到了圆圆的话，说道："同学们，这是真的！今天我们就先讲讲新中国的体育发展史吧。"

体育小课堂

在中华人民共和国成立之前，我国的体育事业几乎是一片空白。1949年10月，新中国成立后马上在北京召开了"全国体育工作者代表大会"，并提出了建设"民族的、科学的、大众的新体育"的口号。

1950年，我国第一本体育杂志《新体育》创刊，毛泽东主席亲自题写了刊头。1952年，为了祝贺"中华全国体育总会"第二次会议的召开，毛主席为大会题词："发展体育运动，为生产和国防服务"。随后，我国体育基础设施和队伍开始建立起来。

1954年，党中央批转了《关于加强人民体育运动工作的报告》，并指出，"改善人民健康状况，增强人民体质，是党的一项重要政治任务"。极大地激发了群众的体育热情，在学校、工厂、街道和农村的庭院中，到处都回响着广播体操的旋律，到处都活跃着体育锻炼的身影，中国从此摆脱了体育落后的面貌。

1956年，陈镜开在上海举办的中苏举重友谊赛中成功举起了133公斤，打破了56公斤级挺举的世界纪录，这是我国创造的第一个世界纪录，中国开始向着世界体育顶峰迈进。

前进的道路并非一帆风顺。1958年，在坚持维护新中国尊严和领土完整的原则下，中国被迫退出国际奥委会。1979年，中国奥委会在国际奥委会的合法席位和权利得到恢复。1980年，我国第一次组队参加冬季奥林匹克运动会。

1981年，在第三届女排世界杯赛上，中国女排战胜了美国队，又战胜了日本队，最后以6战6胜的不败战绩，赢得了中国三大球中的第一个世界冠军。从此，中国女排屡战屡胜，创造了"五连冠"的奇迹。

1984年，许海峰在洛杉矶奥运会男子手枪慢射比赛中以566环的成绩为中国赢得了第一枚奥运会金牌，这是炎黄子孙在奥运会金牌史上零的突破。

随着我国经济的发展、社会的进步和人民生活水平的不断提高，体育也逐渐成为人民群众生活的一部分，在社会生活中开始产生越来越重要的影响和作用。

1990 年，我国在北京举办了第十一届亚洲运动会，当时我国获得的金牌总数和奖牌总数都是第一，实现了冲出亚洲的宏伟愿望。

1995 年，颁布《中华人民共和国体育法》。同年国务院还颁布实施了《全民健身计划纲要》。全民健身成为人民群众一种健康、时尚的生活方式。各级体育部门针对不同地区的不同人群开展不同的体育活动，比如元旦登高、春节长跑、健身拜年等活动，并且积极普及健身知识、体育知识。群众性体育组织也不断完善，体育锻炼开始走向科学化。

2001 年，我国获得 2008 年第二十九届奥运会主办权，终于实现了百年奥运梦。在筹办北京 2008 年奥运会期间，我国开展"全民健身与奥运同行活动"，让更多人参与体育锻炼。北京奥运会之后，国务院将每年的 8 月 8 日设为"全民健身日"，极大地促进了全民健身运动的深入开展。

从陈镜开到中国乒乓球队、中国女排以及被称为"梦之队"的中国跳水队，体育界涌现出了无数的优秀个人和集体。我国已经成为国际体育舞台上重要的一员。

自新中国成立以来，我国体育事业取得了巨大的进步和发展。我国在法治轨道上不断推进体育治理体系和治理能力现代化，体育科技也取得了多项重大成果。体育教育越来越受到重视，我国正在由体育大国向体育强国迈进。

体育老师说

新中国成立以来，中国社会发生了翻天覆地的变化，中国体育也取得了一系列辉煌的成就，中国体育可以说是一部中华民族砥砺前行的奋斗史，它见证了中国的发展，见证了中华儿女的团结奋进。

体育课为什么如此重要

导读站

　　悠悠不喜欢体育运动，每次上体育课的时候，她都想方设法不去。一天又要上体育课了，同桌乐乐喊她去上课，悠悠却说："乐乐你帮我请个假吧，就说我身体不舒服，我不想去上体育课。"

　　乐乐疑惑道："体育课多好玩啊，你怎么不愿意去上呢？"

　　悠悠说："正因为体育课就是玩，所以我才不想去啊。有这时间我还不如多看一些书，做一些题，还能多考一点分呢！"

体育小课堂

体育是教育的重要组成部分，体育课是一门中小学生的必修课程，对中小学生的身体和心理发育都非常重要。

一方面，体育运动对身体有如下作用：

（1）体育运动可以促进人体骨骼、肌肉的生长。许多科学实践都证实了，那些经常进行体育锻炼的学生，要比不经常锻炼的学生高 6～12 厘米。

（2）经常进行体育运动能增强心肺功能，改善血液循环系统、呼吸系统、消化系统的机能状况，有利于学生的生长发育。此外，经常进行体育运动，还能增加心血管的机能，加速血液循环，减少成年后患上心脏病、高血压、糖尿病等疾病的概率。

（3）体育运动还能改善神经系统的调节功能。经常进行体育运动，大脑皮质神经系统的兴奋性、灵活性和耐久性都会得到提高，从而使得学习效率更高。运动过后很长一段时间，你会觉得自己的脑袋变"聪明"了，就是这个原因。

（4）经常进行体育运动，能提高人体对环境变化的适应能力和对疾病的抵抗能力。体育运动是增强体质的最积极有效的手段之一。那些经常运动的人很少生病，就是因为体育运动能提高人体的抗病能力。

另一方面，体育运动对心理也有很好的作用：

（1）体育运动具有调节人体紧张情绪的作用。如果觉得压力有点大，比如有的同学考试前紧张得睡不着觉，那么可以适当进行一些体育运动，你就发现睡得会比较香。

（2）体育运动有助于培养学生良好的意志。在体育训练中有成功也有失败，对手有强也有弱，如何处理这些复杂的情况？如何面对不同的结果？如何顽强地坚持下去？这都需要学生在体育课上去解答。经过这样的锻炼，有助于培养学生自强不息、坚持到底、顽强拼搏的意志和毅力。

（3）体育运动可以陶冶情操，让人保持健康的心态，能充分发挥学生的积极性、创造性和主动性，从而提高学生的自信心。经常进行体育运动，能让学生在室外的宽阔环境中尽情释放自己的真性情，他们可以尽情欢呼，尽情展示自己。体育活动不仅能塑造学生优美的外形，还能培养学生的审美情趣，让自我身心得到更加充分、自由、全面的发展。

（4）体育运动中的一些集体项目与竞赛活动还可以培养学生团结协作的集体主义精神。体育运动中的一些集体项目需要学生之间团结协作才能完成，每一个成员在团队活动中不仅要考虑自己的处境，还要为同伴着想，这样才能在比赛中取胜。体育运动能激发学生的合作意识和能力。

生命在于运动。体育运动能让我们身材有型，更具活力；体育运动能让我们信心满满，神采飞扬；体育运动能让我们心情舒畅，胸怀坦荡；体育运动能让我们敢于挑战，从而轻松面对未来的一切。

体育老师说

体育课，不只是"玩"这么简单，它通过一系列的身心活动，让学生在学习和掌握体育知识、技术和技能的过程中，锻炼学生的身体，从而达到增强学生体质的目的。

体育运动对中小学生的生活有着重要的影响，对增强中华民族体质和提高竞技体育有着重要的战略意义，也是我国从体育大国走向体育强国的有力保证。

三 我们需要怎样的体育课

导读站

体育课结束后，同学们三三两两地散开了，只听一同学兴奋地嚷嚷道："哇，这节体育课太有意思了，期待下节课快点到来。"

另一同学道："是啊，老师讲得不仅专业，并且还特别好理解，对我们指导得也很仔细，连我这个'运动渣渣'都学会了。"

另一个同学接着说："这才是我们想要的体育课！真的是太好了。对了，别忘记老师留的'家庭作业'啊。"

体育小课堂

体育课就是通过锻炼学生的身体来促进学生身体健康的一门课程，以身体练习为手段，以体育运动技术和知识为主要内容。虽然所有体育课都叫"体育课"，但有一种体育课是"别人家的体育课"。

比如，湖南某小学体育老师发现同学们上体育课的积极性不是很高，于是便在体育课中融入一些简单易学的武术动作、军事课程，如一些逃生技能、格斗技巧等。同学们在体育课上把扫帚当武器，把草地当作战场，在模拟的枪炮声中匍匐前进，有时还要徒手格斗，列队打拳……一堂课结束后，有的同学都不想走，还想再上一会儿。

这样的体育课就是学生们想要的体育课，就是好的体育课。好的体育课有以下四个标准：

1. 懂

好的体育课要让学生懂得怎样去锻炼身体。比如身体不适时，学生应该知道用什么样的锻炼方法才能消除这些不适，消除亚健康，让身体重新健康起来。当学生发现自己缺乏力量时，要会区分是没有耐力还是没有绝对的力量，然后根据不同的原因去做有针对性的训练。如果学生发现自己搬不起东西，那么缺乏的就是绝对力量，就应该选择适合自己的力量训练；如果学生发现自己可以搬起东西，但是不能持久，就是缺乏耐力，那就应该专门训练自己的耐力。

好的体育课要给学生讲解体育运动知识点，告诉学生一些运动注意事项，让学生不仅锻炼了身体，还懂得很多身体保健的知识。好的体育课还得让学生懂得一些体育比赛规则，这样学生在观看体育比赛的时候，才能看懂、看明白，而不仅仅只是看热闹。

2. 会

中小学体育课的宗旨是让学生学会一些运动技能。学生只有掌握了运动技能，才能真切体验到运动的乐趣，才能知道运动不仅能锻炼身体还能愉悦内心。

中小学生缺乏毅力很容易放弃。因此，为了让学生学会运动技能，体育老师可以采取灵活的教学方法，可以将一些运动技能穿插在一些有趣的活动中。比如，像长跑运动，如果总是练习这一项运动，可能很多学生跑着跑着就没兴趣了，但是老师可以将其穿插在定向越野中，或者踢足球或打篮球中，这样形式多样的训练学生就不会厌烦。

3. 乐

体育是从人的娱乐活动中发展起来的一种文化，如果没有了乐趣，那谁还愿意去学呢？但这个乐趣不是嘻嘻哈哈。体育的乐趣是竞争，是表现。体育老师应该让学生在体育运动中经历磨难和挫折后体验到成功的乐趣。

学生喜欢在运动中挑战自我，挑战别人。如果运动中战胜了别人，学生就会获得胜利的喜悦，输了表明自己还要继续努力；如果成绩比原来提高了，表示战胜了自己，当然也是一件值得高兴的事情，这是一种成功体验。

4. 练

体育课当然是要锻炼学生身体的，所以一定要适应的运动量，让学生脸发红、微出汗，这是好体育课的标志，运动量不足或太过都不好。

上体育课的目的是为了促进学生身体健康，所以好的体育课一定要让学生喜欢上课、爱上课，让每一个学生都积极参与进来，这样才能达到上体育课的目的。

体育老师说

2020年10月，中共中央办公厅、国务院办公厅印发了《关于全面加强和改进新时代学校体育工作的意见》，要求要不断深化体育教学改革，提出：开齐开足上好体育课，加强体育课程和教材体系建设，推广中华传统体育项目，强化学校体育教学训练，健全体育竞赛和人才培养体系，配齐配强体育教师，改善场地器材建设配备，统筹整合社会资源，推进学校体育评价改革，完善体育教师岗位评价，健全教育督导评价体系，加强组织领导和经费保障，加强制度保障，营造社会氛围。

四 身体健康关系着心理健康

导读站

　　以前甜甜是个自信、乐观的女孩，后来因为长胖了，脾气也变得古怪起来，只要有人说到跟"胖"有关的东西，即便是无意的，她也会大发雷霆。于是她跟同学的关系变得越来越差，最后大家都不敢跟她说话了，怕一不小心又得罪她，她也变得越来越内向、自卑。

　　一次体育课上，老师教同学们长跑时说，长期坚持长跑有很多好处，如果配合健康的饮食则能让人变得越来越苗条。体育课结束后，甜甜偷偷跑去问老师怎么才能变苗条，老师跟甜甜一起制订了适合她的健康运动计划。

　　在老师的指导下，经过几个月的努力，甜甜瘦了很多，笑容和自信重新回到甜甜的脸上，这时谁再说"胖"啊什么的，她也不在乎了，从前那个自信、乐观的甜甜又回来了。

体育小课堂

　　说到健康，有人认为只要没有疾病就是健康。其实这种观点是不全面的，世界卫生组织认为，健康不仅仅是没有疾病和衰弱的状态，而是身体上、心理上都处于完美的状态，并且有良好的适应能力。也就是说，一个人的健康不仅指身体健康，心理也要健康。

甜甜，加油！

身体健康是心理健康的基础和载体，没有一个健康的身体，生命无法存在；心理健康又是身体健康的条件和保证，没有一个良好的心理，其他一切都将失去存在的意义。身体健康关系着心理健康，心理健康又影响着身体健康，二者紧密联系、相互影响。

现代医学研究表明，人体预防疾病和抵抗疾病的能力跟心理健康有着密切的关系。积极健康的心理有利于身体的健康，而身体机能的异常状态又会引起心理的变化。比如偏头疼是一种比较严重的慢性头疼病，一般在敏感多疑、固执己见、谨小慎微的人身上容易出现，因为这些人容易烦恼，他们经常把愤怒、怨恨、悲伤等压抑在心里。

研究发现运动会促使人体合成血清素和多巴胺，这两种物质是决定快乐情绪的脑内化学物质，能帮助人们改善抑郁，缓解压力。很多人会在运动后感到一种无法用语言表达的愉悦，就是这个原因。长期坚持体育运动不仅能让身体更健康，也会让心理更健康。

体育老师说

长期以来，很多学校和家长都以学生考试分数的高低作为评判学生好坏的主要标准。为了让学生获得一个好的学习成绩，很多学校"砍掉"了学生的体育课，让学生"一心只读教科书"，这导致了现在学生的心理健康问题，它已经成为一个社会普遍关心的问题。这样做是得不偿失的，要知道体育运动不仅能增强学生的体质，还能促进学生身心健康的全面发展。

同学们在学习之余，一定要加强体育锻炼，让自己身、心都健康发展。

第二章 体育是中国的传统

- 君子六艺中的体育

- 划龙舟、登高，运动是中国传统

- 足球源头是蹴鞠

- 马球，骑在马上的体育运动

一　君子六艺中的体育

导读站

课间大家玩乐的时候，绰号"博士"的张博跟同学们说："其实，我们国家很早之前就有体育课了。"看到大家一副疑惑的样子，"博士"炫耀道："你们知道'君子六艺'吗？"

"好奇宝宝"圆圆迟疑地说："好像是礼、乐、射，剩下的我没记住。"

"博士"补充道："'君子六艺'就是礼、乐、射、御、书、数，是古代君子需要掌握的六种技能。其中射、御就是古代的体育，是指射箭和驾驶马车的技术。孔子他老人家就提倡'文武兼备'，他本人就精通射、御，留下了很多关于射礼的话，这说明那个时候就已经有体育课了。"

体育小课堂

1. 射

射箭是我国古代体育项目的鼻祖。考古学家发现 28000 年前我们的祖先就已经会使用弓箭了，不过那时的箭头是石头的。到周代的时候，射箭已经成为传统贵族教育的必备技能之一。孔子曾经说过："君子无所争，必也射乎，揖让而升，下而饮，其争也君子。"从孔子的这句话可以看出"射"不仅是杀敌卫国的一种技术，也是一种修身养性的体育活动。

战国的时候，赵武灵王提倡"胡服骑射"，将少数民族的射箭技术跟内地传统的射箭结合起来，把射箭技术推向高潮。

汉代的时候不仅射箭技术得到很大的发展，还出现了很多射箭的理论，比如《李将军射法》《魏氏射法》等。

魏晋南北朝时还出现了专业的射箭比赛。据记载，北魏孝武帝在洛阳举行了一场射箭比赛，他把一个大酒杯放在百步之外，规定谁射中这个酒杯，这个酒杯就归谁。这是中国体育史上最早的一次奖杯赛。

到了唐代，武则天设立武举制。九项考核制度中有五项（长垛、马射、步射、平射、筒射）是射箭，可见射箭是多么重要。宋、明、清时，射箭技术得到广泛的发展，民间出现了很多"弓箭社"。

君子六艺·射

虽然在现代射箭已经不再流行，但在大型比赛中依然有射箭项目。

如果你想将射箭练好，那首先要学会将自己的心静下来，努力排除心中的所有杂念，将自己的身心聚集在目标上，这样才能保持清醒，才能做到身心合一。射箭时站立的姿势也是有讲究的，可以采取一字平行式，让身体和两肩跟箭靶呈一条直线。搭箭的时候要先检查一下箭尾、羽片、箭头是不是完好，然后再将箭杆放在右手握弓的大拇指上，最后将箭尾插入弓弦的箭巢内。

握弓的时候要以推为主，以握为辅，要注意力度，不能握得太紧，要做到握而不死。通常左手持弓，右手勾弦，这时眼睛要平视前方，两臂举起，一般拉弓的前臂举到眉梢的水平线为宜，然后借助持弓臂的伸展和拉弓臂肩带（肩胛骨）内收的力量一举将弓拉开。当拉满弓时，让目标的中心点和箭头及弓箭一侧的眼睛在一条直线上，最后撒放。撒放的时候要注意动作的一气呵成，配合协调，这样才能击中目标。撒放后将弓放下来，让身体恢复到站立的姿势，做几次深呼吸，让身体完全放松下来，再做下一次射击准备。因为射箭是一项周期的运动，每射一箭都要重新开始，所以射手要明白这一箭的结束将是下一箭的开始。

2. 御

现在我们来看看"君子六艺"中的"御"。可能你会奇怪为什么古代那么在意这项技能呢？因为马车是古代十分重要的交通工具，古人出门不像现在这样有汽车、飞机、高铁等多种交通工具，那时最快的交通工具就是马车了，所以"御"是当时"士人"的一项基本技能。

如果你听说过"赵襄王学御于王子期"和"田忌赛马"的故事，你就明白"御"这项技能还是一项斗智斗勇的技能，需要运用很多方面的学问，也是一项综合的技能。

此外马术活动也是我国古代一项重要的体育运动，主要包括赛马和马戏等。在古代留下的一些图画中，就有很多赛马和马戏的画面。到了明、清时期，马术表演不仅民间有，还被当作军队训练的一项重要内容。

体育老师说

中华民族早在几千年前就形成了自己的体育文化，并制定了各项体育运动的规则，对世界体育的发展起到了很大的作用。虽然有些传统体育项目已经消失在漫长的历史长河中，但是有些项目又重新焕发了新机，对于这些传统体育项目，同学们要用心去体会其中蕴含的深远意义。

二 **划龙舟、登高，运动是中国传统**

导读站

星期日一大早，涛涛就起床了，因为要跟同学们去太平河看龙舟竞赛。这可是难得一见的传统民俗文化活动，当然不能错过了。涛涛和同学们来到太平河岸的时候，看到已有好几十艘漂亮的龙舟静静地停在那里。

比赛开始前，涛涛看到工作人员在龙舟上画着什么，于是好奇地问："他们在画什么呢？"

"博士"张博骄傲地解释道："这是比赛前的点龙眼仪式，一点龙眼、二点天庭、三点鼻子、四点龙口、五点龙角，寓意是国泰民安、和谐幸福。"

体育小课堂

1. 划龙舟

"龙舟竞渡"也叫划龙舟、赛龙舟，是中国和世界华人地区流行的历史悠久的水上传统体育活动。它不仅有着丰富的社会内容，还有各种各样的活动形式，其规模之大、参加人数之多在竞技项目中是很突出的。

"龙舟竞渡"盛行于我国南方，这跟南方多水、多河流的自然环境有关。那时，操舟捕鱼是南方居民生活的日常，而竞渡不过是他们水上生活的演习而已。

在浙江出土的春秋时期的青铜器上的纹饰就是龙舟竞渡。划船的人带着羽饰，动作非常整齐，这说明早在春秋时期就有"龙舟竞渡"这种活动了。

到了战国时期，"龙舟竞渡"已经成为一种习俗，不过那时"竞渡"

的舟是独木舟。在急促的鼓声中人们划着刻成龙形的小舟，做竞渡游戏，以此来娱神与乐人。

从秦、汉、魏、晋以后，龙舟竞渡开始在民间盛行，不过那时的竞赛还没有形成统一的日子。大约到了唐朝以后，才统一定在每年的五月初五端午节期间举行。

五代时，龙舟竞渡之风越来越盛，不仅民间组织，官府也大力提倡。当时，各郡、县、村社每年端午期间都会组织龙舟竞渡活动。端午期间，官府会给竞渡组织赏赐青绸缎，还会在终点处竖一竹竿，竹竿上面悬挂锦彩，谁先到达奖励给谁，这使得龙舟竞渡活动变成了一项争夺激烈、扣人心弦的比赛。现在体育比赛中的"锦标"就是从那时传过来的。

宋、元、明、清时代，为了训练水军，有些帝王也鼓励龙舟竞渡。南宋黄公绍在《端午竞渡歌》中写道："看龙舟，看龙舟，两堤未斗水悠悠。一片笙歌催闹晚，忽然鼓棹起中流。棹如飞，棹如飞，水中万鼓起潜蛟。最是玉莲堂上好，跃来夺锦看吴儿。"

现在，龙舟竞赛已经成为现代体育项目，热潮已经席卷世界30多个国家和地区。1980年，赛龙舟被列入中国体育比赛项目，湖南省汨罗市每年农历五月初五端午节都会举办国际龙舟节。

2. 登高

我国的传统习俗，除了龙舟竞渡还有登高，也叫重九登高。登高活动很早就有了，《楚辞·九辩》中就有记载暮秋登高的篇章："悲哉，秋之为气也！萧瑟兮草木摇落而变衰。憭栗兮若在远行，登山临水兮送将归。泬漻兮天高而气清，寂漻兮收潦而水清。"后来到了汉代演化成重阳登高的习俗。

东晋葛洪在《西京杂记》中记载，汉高祖刘邦时期就有重阳登高一说，他说："三月上巳，九月重阳，士女游戏，就此祓禊、登高。"到了两晋南北朝时期，九九重阳节是最重要的节日之一，节日活动非常隆重。魏晋时期，登高的日期确定在九月九日。魏晋以后，每年九月九日人们就会登高野宴。东晋的谢灵运为了便于登高，还专门制作了一种前后都装有铁齿的木屐。从这可以看出古人也跟现代人一样，是非常喜欢登山的。

为什么古人把重阳登山叫登高呢？北宋的《长安志》中记载，汉朝京都长安附近有一个小高台的山，每到重阳节时人们便登上小高台去欣赏秋天的美景，于是便有了"登高"一说。

明朝时，重阳节期间皇帝会亲自到万寿山登高。清代在皇宫御花园内设有供皇帝登高的假山。《燕京岁时记》中记载：凡登高，必"赋诗饮酒，烤肉分糕，淘一时之快事"。清朝顾禄在《清嘉录》中说，当时的杭州人到吴山登高，山上有"牵羊赌彩为摊钱之戏"，还有"鼓乐酬神，宣阗日夕"等，可见登高已经变成了一种休闲娱乐活动。

古人重阳登高开始可能源于对山神的崇拜，是为了驱邪避灾，但是后来变成一种休闲娱乐、强身健体、寄托情思的文体活动。

现在，每到九九重阳节各地都会举办一些登山活动，一是沿袭中华民族的传统习俗，二是培养人们进行登山和户外运动的健身习惯。

体育老师说

中国有很多根据民俗节令的变化而形成的体育活动，像春节、七夕、清明等都有相应的民俗活动，后来这些活动慢慢变成了一种休闲娱乐活动。这些活动能让人们在紧张的劳动之余愉悦心情，在一张一弛、一劳一逸中锻炼身体，增进健康。

同学们，你们知道的类似这样的运动还有哪些呢？

 足球源头是蹴鞠

导读站

涛涛正在跟同学们热烈地讨论足球世界杯的事，"博士"张博走过来问道："你们知道足球起源于哪里吗？"

涛涛反问道："不是英国吗？"

"博士"摇了摇头。另一个同学道："是不是希腊？"

"博士"微笑道："都不是，足球起源于我国古代的一种球类游戏——蹴鞠，经过阿拉伯人传到了欧洲，后来就发展成了现代足球。"

体育小课堂

"蹴"的意思是用脚蹴、蹋、踢，"鞠"是指外面用皮革包裹、内实米糠的球。蹴鞠就是指古人用脚蹴、蹋、踢皮球的活动，通常也叫"蹋鞠""蹴球""蹴圆""踢圆"等。蹴鞠就是中国古代的足球。

根据史料记载，蹴鞠早在战国时期就已经在民间流行了，不过那时被称为"蹋鞠"。《战国策·齐策》在记载临淄人的生活时说："临淄之中七万户……甚富而实，其民无不吹竽、鼓瑟、击筑、弹琴、斗鸡、走犬、六博、蹋鞠者。"这段话的意思就是富裕起来的临淄人，有很多娱乐活动，像吹奏、击打、弹拨乐器，还有斗鸡、赛狗、下棋和踢球等。

到了两汉三国时期，蹴鞠得到进一步发展，还出现了表演性蹴鞠。所谓表演性蹴鞠就是在音乐的伴奏下，通过用脚、膝、肩、头等部位控球技能的表演。从一些汉代所画的蹴鞠表演来看，有单人蹴1鞠，也有单人蹴

2鞠，还有双人边击鼓边蹴鞠等不同形式。动作有足踢、膝顶、双腿齐飞、单足停鞠、跃起后勾等。有一幅蹴鞠图，画的是一名女子在音乐伴奏下蹴鞠，这说明当时女子也可以蹴鞠。

除了表演性蹴鞠，还出现了竞赛性蹴鞠。这种蹴鞠比赛一般是在一个长方形鞠场进行，鞠场还设有供人观赏的大殿，四周设有围墙。关于汉代蹴鞠的规则，李尤在《鞠城铭》中有详细的记载。他说，比赛双方各设六个球门，而且每个门都有守门员，还有正、副裁判。

汉代还有人写了一部《蹴鞠二十五篇》，这是我国最早的一部体育专业书籍，也是世界第一部体育专业书籍。班固在写《汉书·艺文志》时将《蹴鞠二十五篇》列为兵书，将其划分为军事训练的技巧类书籍，西汉著名大将霍去病就以蹴鞠来训练士兵。

到了唐代，蹴鞠发生了两个重大变化。第一个变化就是将之前塞满毛发的实心球变成了充气的球，变得跟现在的足球差不多。第二个变化就是球门。

唐代的球门有两种。一种是两个球门的形式，就像现在足球比赛那样的球门一样；另一种是一个球门的形式，在场地中间竖一根竹竿，在竹竿上扎上网子留一个球门洞。虽然一个球门的蹴鞠对抗性没有两个球门的那么激烈，但需要讲究技巧。这也是我国古代体育的一个特点，竞技性稍差，但是技巧性更高。

比赛时，以鸣笛击鼓为号，由左军队员先开球，互相颠球数次后将球传给副队长，副队长通过数次颠球将球变得端正稳当后传给队长，然后由队长将球踢向球门，也就是"风流眼"，打过球门的视为取胜。右军队员得到球后也是这样一番操作。等结束的时候，按双方过球的多少决定胜负，获胜的一方有赏，失败的一方要受罚，队长不仅要挨鞭子，脸上还要涂上白粉。

到了宋代，蹴鞠活动变得更加普及，上到皇家贵族下到平民百姓都以蹴鞠为乐。宋代的蹴鞠还出现一种不用球门的踢法，叫"白打"。所谓"白打"就是踢出花样，可以是一个人，也可以是十个人一起踢，花样很多，非常讲究技巧性。这种踢法相当于现代足球中的颠球。上海博物馆收藏的《宋太宗蹴鞠图》画的就是宋太祖赵匡胤、太宗赵光义，还有大臣赵普等玩"白打"蹴鞠的情景。

明朝的时候，蹴鞠还在流行，不过开始走向衰落。到清朝时，史籍中关于蹴鞠的记载就很少了。随着西方现代足球的传入，到清末中国的传统蹴鞠基本上被现代足球所取代，不过踢毽子作为"蹴鞠之遗事"得以继承与发展下来。

🧑 体育老师说

足球是世界上最具魔力的一项体育运动，也是公认的第一大体育运动。2005 年，国际足联主席布拉特先生在国际足联百年庆典闭幕式上为临淄颁发了"足球起源地证书"。

四 马球，骑在马上的体育运动

导读站

礼拜天，冉冉喊涛涛、"博士"等几名同学到家来看马球比赛。比赛正式开始，只见穿着专业马球衣服，套着皮制护膝、棕色马靴的专业运动员在比赛场地飞奔，一时间马蹄翻滚，让人热血沸腾。

体育小课堂

马球，中国古代也叫"击鞠""打鞠"，是中国古代一项比较有特色的球类竞技运动，是骑在马上的体育运动。这项运动要求运动员骑在奔跑的马背上，并用长柄球槌拍击木球。这项运动非常惊险、激烈，运动员不仅要有高超的骑马技术，还要有很高的球技。

关于马球运动的起源，众说不一，不过中国早在公元3世纪时就有相关的文献记载。三国时期的曹植，在《名都篇》中就有"连翩击鞠壤，巧捷惟万端"的记载，可见那时就有打马球的运动。

后来，因为魏晋南北朝时期社会动荡不安，马球运动曾一度衰落。到了唐朝，随着社会经济的繁荣，马球运动也得以复苏，并且成为当时一项主要的娱乐运动。

唐代的马球有拳头大小，中间是空心的，外面涂上朱红色或彩绘，材料是坚实又质轻的木料；击球杆有好几尺长，顶端是偃月形；球场为长方形，很宽大，有的在两头设置两个门，有的在中间设置一个门，门上有一个一尺大小的洞，洞后面有网；比赛时以击球进门的次数多少来决定胜负。

唐朝的马球比赛还有音乐伴奏，比赛激烈时鼓声助威，四周的观众呼声震天，热闹非凡。据记载，唐中宗景龙三年，吐蕃的使者尚赞咄（官名）来长安迎接大唐公主时，唐中宗还邀吐蕃的使者一起观看大唐的马球比赛，后来的唐玄宗李隆基还下场比赛并大获全胜。李隆基登基后，依然热爱马球，曾数次登楼观看打球。《题明皇打球图诗》中记载："宫殿千门白昼开，三郎沉醉打球回，九龄已老韩休死，明日应无谏疏来。"

1971 年，在陕西唐章怀太子墓中发现了一幅打马球的壁画——《马球图》，画出了唐代马球运动的盛况。画面上显示了比赛中有二十多匹骏马，马尾都结了起来，马上的打球者都头戴幞巾，足蹬长靴，手持球杖，逐球相击。

因为唐代统治者的喜爱和提倡，马球运动在民间也流行开来，并且马球运动不局限于男子，也有女子打马球的记载。

不仅如此，唐代马球运动在对外文化交流中也发挥了重要作用。据文献记载，唐朝时跟大唐相邻的高丽、日本等国都有跟唐王朝进行比赛的记载。收藏于故宫博物院的《便桥会盟图》里就描绘了唐、突厥两国进行马球比赛的场面。

13 世纪时，马球传到了印度，受到英国人的大力推崇，很快马球运动在英国军队中流行开来，便有了现代马球。印度城市锡尔杰尔也因此成为现代马球的发源地，在 1859 年成立的锡尔杰尔俱乐部也成为世界上最古老的马球俱乐部，现代马球的比赛规则都是根据这个俱乐部的规则制定的。

1876 年，马球传入美国。1908 年、1920 年、1924 年、1936 年，马球还作为奥运会正式比赛项目登上世界舞台，至今还有一些国家依然喜爱这项运动。

🗣 体育老师说

虽然中国现代马球运动是民国初年从欧洲传入的，但其实跟中国古代马球运动并没有太大的本质区别，从多方面追根溯源后发现，它跟中国古代马球有着千丝万缕的联系。

第三章 武术竞技，中华民族的尚武精神

- 世界武术看中国

- 武术，中国传统体育项目

- 让人着迷的中国式摔跤

- 最好的健身运动是太极拳

导读站

刚走到教室，还没来得及坐下，冉冉就激动地跟周围的同学说："我昨天看了少林寺武僧表演的一套拳脚，真是太厉害了，他们脚踢出的速度非常快，我就看见一道影子，这是不是传说中的'无影脚'啊？"

冉冉的同桌接着说："是啊，是啊，他们踢得又快又狠，那力度我隔着电视屏幕都能感受到，这就是我们中国武术，我好想学啊。"

后面有个同学插嘴道："我也好想学，如果我能像李小龙那样厉害就好了。"

体育小课堂

中国武术的历史源远流长，起源于我们祖先的生产劳动。

原始社会，自然环境恶劣，野兽很多，人们为了生存下去不得不制造一些简单的工具来跟野兽搏斗。在搏斗中，人们开始使用拳打脚踢等手段，于是便积累了劈、砍、刺等技能，这就是中国武术形成的基础。

后来因为部落之间经常发生战争，于是战场上的搏斗经验不断得到总结，一些好用的击、刺等技能开始被模仿、传授、练习，于是便有了武术的萌芽。

夏朝建立后，为了适应不断的战争，武术开始向实用化、规范化发展。到了商、周时期，利用"武舞"来训练士兵，鼓舞士气。从周代开始设"序"，把射御、习武列为教育内容之一。

春秋战国时期，群雄争霸，各个诸侯国都非常重视格斗技术在战场上的运用。为了选拔天下的英雄豪杰，齐桓公每年春秋两季都举行"角试"。这时，剑的制造和剑道都得到了很快的发展。

秦、汉时，盛行角力、击剑，宴会上经常有手持器械的舞练出现。比如《史记·项羽事纪》中就有"项庄舞剑，意在沛公"的典故。秦朝时就盛行比武，比赛时还会有裁判、赛场，并且还要穿着专门的服装。

我国从唐朝开始就实行武举制，习武之人可以通过比武来获得一些官职，并有具体的考核办法和相应的制度。这对我国武术的发展起到了促进作用。

宋、元时期，我国民间练武活动开始蓬勃发展起来，出现了一些习枪弄棒的"英略社"，习射练的"弓箭社"等，还出现了一些习武卖艺的"路岐人"。

到明、清时期，武术也到了大发展时期，流派林立，拳种纷显，出现了诸如少林派、武当派、峨眉派、昆仑派、梅山派、青城派、内家拳、自然门、长拳、短打、形意拳、少林拳、八卦掌、太极拳、罗汉拳、心意拳等武术门派，还出现了很多武学著作，这些著作不仅记载了拳术、流派、动作名称、运动方法等，有的甚至还记录了口诀和动作图解。

新中国成立后，武术得到了蓬勃发展，现在已经成为优秀民族遗产加以继承、整理和提高。2019年，国务院印发了《武术产业发展规划》，这表明我国支持武术国际化，支持武术项目早日进入奥运会。2020年1月，武术被列为第四届青年奥林匹克运动会正式比赛项目，这意味着我们离"武术推向世界"的雄伟目标又近了一大步。

体育老师说

"止戈为武"，习武可以强身健体，也让我们拥有了维护自身安全和权益的实力，还可以维护和平。作为炎黄子孙的生存技能之一——武术，我们有将其发扬光大的责任和义务。

武术，中国传统体育项目

导读站

下课后，"好奇宝宝"圆圆虚心向"博士"请教："我昨天看到有人说武术是古代的一种战争技术，这说法对吗，'博士'？"

"博士"推了推眼镜道："'武术'这个词最早出现在南朝颜延之的《皇太子释奠会作》中，文中有这样的记载：'大人长物，继天接圣；时屯必亨，运蒙则正；偃闭武术，阐扬文令；庶士倾风，万流仰镜。'从上下文的意思来看，这里的'武术'指的就是军事，所以兵器也被称为武器。"

体育小课堂

武术也叫国术或武艺，是中国劳动人民在漫长的历史中不断累积和丰富起来的一项宝贵的文化遗产，是以中华文化为理论基础，以技击方法为基本内容，以套路、格斗、功法为主要运动形式的传统体育。

武术起源于原始社会的生产劳动。那时人类为了生存，已经开始使用棍棒等工具进行斗争，后来人类又制作了更有杀伤力的武器，在《山海经·大荒北经》中就有"蚩尤作兵伐黄帝"的记载。可见当时人类不仅会制造兵器，还有一定的攻防格斗技能。

到了商朝，随着青铜业的发展，一些青铜武器开始出现，比如战车、矛、戟、戈、斧、刀、剑等，同时还出现了劈、扎、刺、砍等技术。为了提高人们的战斗力，还出现了一些比赛，《礼记·王制》中就有"凡执技论力，适四方，裸股肱，决射御"的记载，这段话的意思就是比试武艺的高低。

到了春秋时期，随着铁器的出现，步兵、骑兵开始兴起，长柄武器开始变短，短柄武器开始变长，武器的品种更加丰富，武术的作用也进一步凸显，武术也得到进一步发展。这时比试武艺已经非常讲究攻防技巧，拳术也开始出现进攻、防守、反攻、佯攻等招式。

秦朝时盛行角抵和手搏。1975 年在湖北凤凰山出土的木篦上就画有秦朝时期比武的盛况，比赛有专门的赛场，除了比赛人员，还有裁判。

汉代是武术大发展的时期，有剑舞、刀舞、双戟舞等，并且形成了多种流派。《汉书·艺文志》中收录的《剑道》有 38 篇，《手搏》有 6 篇，这些都是关于“攻守之道”的武术专著。

到了隋唐时期，武术又得到进一步发展。唐朝实行“武举制”，用考试的办法来选拔武艺出众的人才，这一制度促进了全社会习武运动。

两宋时期，因为战火不断，广大人民开始结社习武以求自保，这时出现了“角抵社”“英略社”“弓箭社”等，“十八般武艺”也在宋代典籍中开始出现。

到了元代，因为蒙古统治者限制民间习武，使得武术的发展受到抑制，一些武术家不得不隐姓埋名，冒着生命危险传授武术。

明代时，因明太祖朱元璋主张“武官习礼仪，文人学骑射”，于是武术又得到大发展。这时不仅拳法众多，器械也得到很大的扩充，一些武术家还著书立说，使得武学遗产得以保留。其中具有代表性的有戚继光的《纪效新书》、唐顺之的《武编》、何良臣的《阵记》、茅元仪的《武备志》。

清朝时期，因为统治者禁止练武，所以清代的武术活动不如明代。不过，由于武术在民间已经有了广泛的基础，加之当时有很多反清复明组织，所以民间秘密结社习武的人员很多。

到了民国时期，由于火器的普遍使用，武术的搏击作用开始减小，而健身作用越来越明确，于是逐渐以体育运动的形式出现在社会生活之中。

新中国成立后，武术被作为优秀民族文化遗产加以继承和发展起来，并成立了各级武术协会，将武术列为正式比赛项目。

1953 年，中国举行了第一届全国民族形式体育表演竞赛大会。

1957 年，国家体委将武术列为体育竞赛项目。

1987 年，在日本横滨举行了第一届亚洲武术锦标赛，武术开始成为正式的国际比赛项目。

1990 年 10 月，国际武术联合会在北京宣告成立，并于 1991 年在北京举办了第一届世界武术锦标赛。

2020 年，武术成为奥林匹克夏季运动会的正式比赛项目。

体育老师说

　　中国武术，首先是一门制止侵袭的技术。在这个基础上，我们可以获得从身体到头脑再到心性方面融会贯通的个人修习，获得从安全到快乐的满足。中国武术具有独特的民族风格，是中华文化的瑰宝。

三 让人着迷的中国式摔跤

导读站

冉冉想学一门简单的体育项目，爸爸建议他去学摔跤，并且让他学中国式摔跤。冉冉问为什么？爸爸说："中国式摔跤是中国传统体育项目，规则简单，学起来比较简单，并且里面还蕴含了四两拨千斤、永不言弃的中国传统文化精神，是非常让人着迷的。"

体育小课堂

中国式摔跤起源于远古的狩猎活动，是中国最古老的体育项目之一，曾经被称为角抵、角力、相扑、争交、贯交、较力之戏等。

早在春秋时期，中国就有摔跤活动。据《礼记·月令》记载："孟冬之月……天子乃命将帅讲武，习射、御、角力。"从这个记载可以看出，周朝的时候就把射箭、驾车和摔跤列为了军事训练项目。

从秦朝开始，因为武器的不断改良和军事技术的进步，摔跤的地位逐渐降低，最后变成为一项竞技活动和娱乐活动。

汉朝时期，每年春、夏两季会在京城举行大规模的摔跤比赛，方圆几百里的百姓都会赶过来观看，非常热闹。晋朝时期，在元宵节的时候会举行摔跤比赛，到了唐朝又改为春、秋两季进行比赛。

宋代时中国出现了第一部讲摔跤的书——调露子的《角力记》。书中记载："鄱阳、荆楚之间，五月盛集，水嬉则竞渡，街坊则相扑为乐。"比赛时"观者如堵，巷无居人"。从这些记载中可以看出，当时的摔跤运动是非常受欢迎的。

元代时，统治者严禁民间的摔跤运动，据《元典章》记载，"习学相扑或弄枪棒"都将处以重刑，摔跤运动开始衰落。虽然元朝蒙古族本身有摔跤运动，但是蒙古族摔跤跟宋代的摔跤不同，与现代的"自由式摔跤"有些相似。

明朝朱元璋建国以后，开始大力提倡摔跤运动，让摔跤运动有所恢复，不过因为拳术的大力发展，摔跤的比重相对就减弱了。

清朝时，统治者又开始严禁摔跤运动，着重发展满族的摔跤运动——布库戏或"演布库"。清朝的摔跤沿袭的主要是蒙古族的"巴邻勒都"，同时吸收和融合了汉族摔跤的传统技术，形成了今天的中国式摔跤。

新中国成立后，中国式摔跤获得新生。1953 年，中国式摔跤被列入国家体育运动竞赛项目，并举行了全国比赛。

🗨体育老师说

　　中国式摔跤竞赛分为个人竞赛和团体竞赛，竞赛制度有单败淘汰赛、双败淘汰赛和循环赛三种，根据年龄分为青年组和成年组，根据体重分为青年组、成年组、女子组各十个等级。

四 最好的健身运动是太极拳

导读站

课间涛涛和冉冉正在"切磋"，涛涛一边缓慢地抬起手脚一边说："看我的'白鹤亮翅'！"冉冉不甘示弱地叫道："'金刚捣碓'！"涛涛又叫道："看招，'青龙出水'！"冉冉喊道："'野马分鬃'来了！"

"好奇宝宝"圆圆看他们一招一式有模有样，于是问道："你们俩练的是什么绝世武功啊？"

涛涛笑着说："我俩打的是太极拳。圆圆，你看我俩谁厉害啊？"

"哇，是太极拳啊！你俩好厉害啊，连太极拳都会，可以教教我吗？我也想学。"

体育小课堂

太极拳是中华传统文化的结晶，是中华民族辩证思维与武术、艺术、中医等的完美结合。它将中国的传统儒、道哲学中的太极、阴阳辩证关系跟修身养性、强身健体、技击对抗等完美地结合在一起，形成一种高层次的人体文化。它强调的是对称平衡、协调统一、文武兼备、内外兼修，是极富中国传统民族特色元素的文化形态。

"太极"一词最早出自《庄子》："大道，在太极之上而不为高；在六极之下而不为深；先天地而不为久；长于上古而不为老。"这里的"太"就是大的意思，而"极"就是尽头、极点的意思。物极则变，变则化，所以变化之源就是太极。

关于太极拳的起源众说纷纭，有唐朝的许宣平、宋朝的张三峰、明朝的张三丰、清朝的陈王廷等。不过资料显示，在清朝乾隆、嘉庆年间，太极拳还鲜为人知，仅在河南省温县陈家沟、赵堡等村落中流传。到了道光、咸丰年间，太极拳才广为传播，开始流行起来。

明朝初年，带有家传武术的陈氏始祖从山西移民到河南省温县陈家沟，因为当时兵匪较多，经常骚扰当地的百姓，为了自保，村里成立了武学社，陈家沟便有了习武之风。陈家沟第九代人——陈王廷，从小就好拳习武，后来潜心研究创编了陈氏太极拳。

健身运动·太极拳

一百多年过去了，到了陈氏十四世陈长兴和陈有本时，两人又分别创编了太极拳大架一路、二路和太极拳小架一路、二路。陈长兴从理论上对太极拳进行总结，著有《太极拳十大要论》《太极拳用武要言》《太极拳战斗篇》等。

鸦片战争以后，中国沦为半封建半殖民地国家，受尽欺辱。一些爱国人士开始呼吁"尚武自强，以求强国种"，这时跟随陈长兴学习太极拳的杨露禅（名福魁），学成归来后开始在北京教拳。他根据当时人们的体质和生活习惯等特点，将技击拳势改为不分老幼强弱都可以练习的不猛不硬、顺遂圆活拳势，于是太极拳开始在北京流行起来。这就是后来的杨式太极拳。

陈氏十五世陈清平又将太极拳传给和兆元、武禹襄、李景炎、李作智和王赐信五人，这五人后来分别创编出和式太极拳、武式太极拳、太极拳忽雷架、太极拳腾挪架、太极拳忽灵架。

新中国成立后，武术作为优秀的民族文化遗产被继承下来，并赋予了新时代的意义。为了增强人民的体质和普及太极拳，国家体委编制了易于学习的简化太极拳，并出版了陈、杨、武、孙、吴五式太极拳专著。在一些体育院校和高等学校也开设了太极拳课程。

2006年，太极拳被列入中国首批国家非物质文化遗产名录。现在太极拳已经跨过海洋，越过山川，在世界各地生根发芽，广受世界人民的喜爱。

体育老师说

数据显示，我国青少年体质已经连续25年呈下降趋势，力量、速度、爆发力和忍耐力等身体素质都在下滑，近视眼和肥胖的比例却不断上升，这是因为运动不足造成的。同学们，良好的运动习惯是一生的财富，你们一定要紧紧抓住这个"财富"。

第四章

科学运动，体育的基本技能

- 跑步，让身体协调发展

- 跳跃，提升我们的爆发力

- 游泳，在老师指导下游水

- 使用器械，抓、举、投掷样样精通

一 跑步，让身体协调发展

导读站

星期六晚上，已经喜欢上运动的甜甜，看到爸爸妈妈正无聊地看手机，于是提议全家来个"周末欢乐跑"，爸爸妈妈欣然同意。

换好衣服后，爸爸妈妈就要跑出去锻炼，已经是"运动达人"的甜甜赶紧叫住他们，让他们先跟自己做一套热身运动。甜甜告诉爸爸妈妈，人体从静止到运动，需要四肢肌肉进行配合，热身运动可以唤醒身体，让它们积极工作起来，这样才能让我们跑得更快，而且不容易受伤。

爸爸妈妈虚心接受了甜甜的建议，认真跟着甜甜做热身运动。同时，甜甜还向爸爸妈妈讲解了跑步中应注意的事项。

体育小课堂

说起跑步，大家都知道。跑步减肥、跑步健身、跑步增加免疫力等知识已经传遍了大街小巷。但是怎么科学健康地跑步，你知道吗?

跑步时头要与肩保持稳定，就像站立的时候那样，既不前伸，也不左右摇晃，以免破坏我们身体的重心。

跑步的时候，要用鼻子吸气，用嘴呼气，尽量不要用嘴巴吸气，以免引起咽喉的干痒。要两步一吸气，两步一呼气，如果肺活量大的话，也可以三步一吸气，三步一呼气。正确的呼吸方式可以稳定跑步的节奏，也不容易岔气，会让你跑得更远、更久。

跑步时上肢主要是配合腿部运动，保证身体的平衡，所以要用手臂夹紧身体，前后摆动。摆臂要以肩为轴前后摆动，左右摆动的幅度不要过大，以不超过身体正中线为宜，前摆时稍向内，后摆时稍向外，同时放松手指、腕与手臂，注意肘关节保持约90°。

　　跑步的时候，从颈部到腹部（也就是我们的躯干）要保持直立，不能前倾或后仰，也不能左右摇晃或上下起伏太大，这样有利于呼吸的平稳、身体的平衡和步幅。跑步的时候，身体保持自然直立的状态，这时我们的脊柱是自然弯曲的，这个状态最适合受力，可以预防跑步导致的腰酸。

　　跑步时，大腿和膝用力前摆。腿不要向侧面运动，以免引起膝关节受伤。如果你是长跑、慢跑，那大腿就不要抬得太高，以免身体上下起伏太大，浪费体能，如果大腿抬得太高，是跑不远的。长跑的时候尽量保持小步幅、高步频，这样比较节省体力，并且腿部的肌肉不容易酸痛。

　　跑步时，脚要落在身体前大约30厘米的地方，尽量靠近正中线，不要跨得太远，以免跟腱因受力过大而劳损。落地时，应用脚的中部着地，让冲击力迅速分散到全脚掌，这样可以保护关节。

跑步看似简单，但是稍不注意就会对我们身体的某些部位造成损伤。初跑者一定要根据自身的实际情况进行合理安排。记住，不是所有的人都适合跑步的，如果体重过胖，最好不要跑步，以免损伤膝关节，可以选择快走或者游泳等运动。

跑步前要做一些热身运动，跑完步不要马上停下来，最好能慢走一段时间，调整好心率和呼吸。另外，跑完步要做一些拉伸运动，让跑步时收缩的肌肉回到原来的长度，这样有助于缓解跑完步后的肌肉酸痛，并防止肌肉硬块的产生。

跑完步，大汗淋漓的时候不要马上喝冷水、洗冷水澡或游泳，因为运动后毛细血管扩张，遇到冷水会骤然收缩，不利于身体健康。刚运动完也不要马上吃饭，因为运动时全身的血液都重新进行了分配，这时肠胃蠕动变弱，消化腺的分泌也减少，如果运动完就吃饭容易引起人体消化功能的紊乱和功能性失调。

初跑者要循序渐进，不要一开始就跑得过多、过快，否则第二天身体会酸痛、疲惫，也就不愿再坚持，不利于养成长期跑步的好习惯。任何事都不是一蹴而就的，想要做一个愉快的跑步者就要懂得科学跑步。

🧑‍🏫 体育老师说

跑步最好在运动场上跑，不要在坚硬的地面上跑。跑步时最好穿运动鞋，不要穿硬底皮鞋、塑料底鞋。跑步时鞋带不要系得太紧，太紧会影响脚部的血液循环。饭前、饭后不宜跑步，通常饭后一小时锻炼为好。早晨不宜空腹进行大运动量的锻炼，如果跑步时间较长，可喝一点糖水和吃一块点心。

每个人的体质都不相同，同学们运动锻炼时要选择适合自己的运动时间、频率和运动方式，要科学运动。

跳跃，提升我们的爆发力

导读站

在学校门口，涛涛遇到了"博士"张博，马上问道："'博士'，你看到网上那个跳飞起来的视屏了吗？"

"博士"忙问是哪个。涛涛解释说，就是有个人跨杯子跳远，开始杯子很少，后来随着杯子越来越多，那个人也越跳越远，最后一跳那个人跳了很远。涛涛崇拜地说："你知道吗，我看了好多遍，他在空中跨了三步，跳过很长一排杯子，简直就像飞一样。很多网友都说'有的人跳着跳着就起飞了'，感觉就像武侠电影里面的轻功，对，就是'草上飞'。"

"博士"想了一会儿说："他这就是跳远啊。他看起来像在空中飞，其实就是一种空中迈步的跳远方式。"

体育小课堂

是的，涛涛所见视频中的那个人就是在表演跳远。空中迈步其实是跳远运动中一种常见的跳远动作，这种动作借助助跑起跳后跳得更远，所以看起来就像飞起来一样。

跳远分为急行跳远和立定跳远。田径比赛中分为跳远和三级跳远两种。

急行跳远是一项古老的竞技项目，由人类猎取或逃避野兽时跨越河沟等动作发展而来，公元前 708 年成为古代奥运会的五项全能项目之一，由助跑、起跳、腾空和落地四部分组成。

立定跳远由预备姿势、起跳、腾空阶段和落地缓冲四个部分组成，经常练习立定跳远，有助于提高学生下肢的爆发力与弹跳力。

1. 助跑

助跑速度的快慢关系着跳远成绩的好坏，助跑速度越快，跳得越远。助跑还为准确踏板和快而有力地起跳做好技术、身体和心理上的准备。

助跑的起动姿势很重要，直接影响着助跑的稳定性与准确性。助跑起动姿势有两种：一种是从静止状态开始，可以采取两腿微曲、两足左右平行站立的"半蹲式"，也可以采用两腿前后分立的"站立式"起动姿势；另一种起动姿势是走几步或走跳步结合踩上第一个标志点，采用行进间开始的起动姿势。

助跑也需要加速，加速的方式也有两种：一种是从助跑开始就始终保持较高水平的加速方式，叫积极加速；另一种是加速过程比较平稳的逐渐加速方式。虽然积极加速方式能获得较高的助跑速度，但是因为助跑动作紧张，可能会导致起跳的准确性变差，所以运动员很少采用这种方法。而逐渐加速方式因为比较平稳，起跳的准确性较好，所以运动员大多采用这种加速方式。

2. 起跳

如果是急性跳远，在加速到起跳线前，身体重心提高后就可以起跳了，起跳腾空后身体要充分伸展，两臂前举。

如果是立定跳远，预备姿势的时候双脚自然站立，与肩同宽，然后双臂向前摆起，双腿保持伸直状态，然后将双臂尽量向后摆动，降低身体的重心，双腿向下弯曲，双脚用力蹬地，同时双臂微弯向上摆动，然后整个人向斜上方腾空跳起。记得要充分伸展身体。

3. 腾空

腾空动作有蹲距式、挺身式和走步式。蹲距式跳法就是身体在空中保持起跳姿势，然后两腿在体前抬起伸直落入沙坑；挺身式跳法就是让上体在空中充分伸展或挺身，同时两膝微屈保持在空中平衡滑行，当滑行进入下落时，双臂从身体两侧继续向上向前绕环，两腿同时由身后摆至身前，然后抬起伸直，落入沙坑。

涛涛所说的跳得飞起来的视频，那人采用的就是走步式跳法。这种跳法能将助跑、起跳、腾空和落地协调而自然地结合为一个完整的连续动作。

4. 落地

当从空中开始下落时，就要做落地准备了。落地前，两腿同时或先后屈膝至体前，然后依靠惯性让小腿摆出伸直，双臂是从上方经前向下的绕环动作，这样有助于保持平衡。当双脚进入沙坑时，应勾起脚尖，两脚尽量保持大约 30 厘米的距离。双脚落入沙坑后要立即屈膝缓冲，同时两臂上提用来提高身体的重心，然后顺势站起。

体育老师说

立定跳远考验的是下肢的爆发力和弹跳力，要求下肢和髋部肌肉的协调，并要跟上肢的摆动完美配合起来，也需要一定的灵巧性。想要取得一个好的成绩，同学们可以提高膝、踝、髋的协调用力和爆发用力。

三 游泳，在老师指导下游水

导读站

以前不爱运动的悠悠，在老师的教育下已经知道运动的重要性了，现在也爱上了体育运动。这不，游泳课上她表现非常积极，别的同学还在岸边徘徊，以消除对水的恐惧，她已经走到水里了。

她笑着招呼同学们："水里可好玩了，这么浅，一点都不危险，你们快下来吧。"在她的鼓励下，一些同学走了下来，大家在水里开心地玩了起来，引得那些还没下水的同学也急忙走到游泳池里。

体育小课堂

远古时代，生活在江、河、湖、海一带的人，在跟大自然做斗争的过程中，通过观察鱼类、青蛙等动物在水中游泳的动作，学会了游泳。不过，把游泳作为一项体育项目还是最近几百年的事。

1896 年，游泳被列为奥运会竞赛项目，当时的比赛不分泳姿是完全的自由泳，只有男子 100 米、500 米、1200 米三个项目。

1900 年，在第二届奥运会时分出了仰泳，1904 年的第三届奥运会又分出了蛙泳。

1912 年，在第五届奥运会上，女子游泳被正式列为比赛项目。

1956 年，在第十六届奥运会上，又增加了蝶泳，从此游泳的泳姿被定型为自由泳、仰泳、蛙泳和蝶泳四种。此后，奥运会的游泳比赛发展到自由泳、蛙泳、蝶泳、仰泳、混合泳和接力（自由泳与混合泳）6 大项 32 个小项，游泳成为奥运会上仅次于田径运动的金牌大户。

　　游泳是人们凭借水的浮力，通过肢体有规律的运动，让身体在水中有规律运动的一种技能。它既是一项体育竞技运动项目，也是日常生活中的一项技能。

　　因为游泳只需克服水的助力，而不是克服地球的重力，所以肌肉和关节不易受伤，跟其他体育运动相比，游泳的损伤率是最低的。如果说有什么运动男女老幼都适合，那非游泳莫属。

　　想要学会游泳这个技能，首先要认识到游泳的一些潜在危险。中小学生要在老师、家长或专业人士的指导下进行，不可自行学习。

　　学习的时候，如果对水有恐惧，可以慢慢克服，先去接触水，等适应水的温度后，再慢慢感受水的压力和浮力，绝对不能对水产生恐惧。

　　等到同学们不再怕水后，就可以学习漂浮了。同学们只有能在水中浮起来，能保持平衡后，才能减少呛水的概率，才能学会如何与水相处。

　　练习漂浮时尽量站在浅水区，背部靠着池边，双手向前伸直，然后深吸一口气，低头，再用双腿蹬离池边，这时肘关节不要弯曲，眼睛要看着池底，下巴贴着脖子，双腿蹬离池边后伸直并拢，感受身体的漂浮。

身体漂浮起来后，再收起双腿，让小腿紧贴大腿，大腿贴着肚子，这时人就像一个球，然后双腿往下伸，双手向下压水，就能顺势回到竖直的状态，人也就能站立起来了。

在正式学游泳前，还要先学会憋气，以克服鼻子和嘴巴进水的问题。练习时可以将头埋进水里，不要呼吸，等露出水面再呼吸。多进行训练，慢慢增加憋气的时间。

以上都学会后，就可以练习划水了。可以先手脚并用去练习划水，记得要在浅水区，并且要把头压下去。多练习能让我们的手脚慢慢协调起来，在练习的过程中不断改进动作。

当我们能游上几米时，就需要学习换气了。这个动作要领就是嘴即将出水面时快速将气吐尽，然后猛吸一大口气再将头埋进水里。可以先在水里不断站起、蹲下来练习，等学会后再配合游泳的动作进行练习。

这个过程有点难度，大家要有耐心，不要着急，多练习，最终掌握节奏。当这些都掌握后，就慢慢增加距离，勤加练习让自己像鱼一样在水中快乐地游来游去。

体育老师说

　　同学们，虽然你们已经学会了游泳，但是你们务必要做到以下几点：不得私自下水游泳；不得擅自跟其他人结伴游泳；不能在没有家长或老师的带领下游泳；不能到没有安全设施、没有救援人员的水域游泳；不能到不熟悉的水域游泳；遇到突发情况，不熟悉水性的同学不能擅自下水施救，要积极呼救或找大人帮忙。

使用器械，抓、举、投掷样样精通

导读站

一天，圆圆看到冉冉趴在课桌上笑个不停，于是好奇地问冉冉在笑什么？冉冉强忍住笑问道："你知道体操的希腊语是什么意思吗？"

圆圆摇了摇头。冉冉笑着说："是'裸体技艺'的意思。"

圆圆疑惑地问道："难道以前的体操是裸体的？"

冉冉忍不住又笑了，他边笑边说："据说最开始参赛选手是穿着衣服的，有一次一个披着兽皮的选手一不小心将自己的狮子皮弄掉了，露出了健美的肌肉，人们发现裸体更能体现人体的健美，于是便形成了选手比赛时必须赤身的传统。"

圆圆也笑道："好奇怪的规矩啊。"

体育小课堂

1. 体操

体操是所有体操项目的总称，包括竞技体操、艺术体操和基本体操三大类。基本体操是动作和技术都比较简单的一类体操，练习这种体操可以强身健体，经常练习可以拥有一个良好的身体姿势，像广播体操还有一些健身体操都属于基本体操。

竞技体操主要是以争取胜利、获得奖牌为目的的一类体操，动作难度大，技术复杂，并且有一定的危险性。竞技体操根据男女不同分为男子竞技体操和女子竞技体操。男子竞技体操的项目有单杠、双杠、自由体操、跳马、鞍马、吊环六项，女子竞技项目有高低杠、平衡木、自由体操和跳马四项。

在体操比赛中，你可能会看到在吊环或单杠项目中，运动员的手上会带着一个皮制的东西，这个就是"护掌"，是用来保护手掌的。因为运动员在做悬垂、摆动、回环、转动等动作时，完全需要用两只手去抓住环或杠来完成，如果不采取保护措施，时间久了会让运动员的手掌受伤。运动员在上器械之前，会在手掌上涂擦防滑粉，目的是增加手掌和器械之间的摩擦力，防止运动时手从杠上脱落。

2. 举重

举重是将杠铃用双手举过头，以举起杠铃重量的多少为胜负的比赛。举重运动历史悠久，我国早在楚汉时期就有举大刀、石担、石锁等的记载，并且从晋朝到清朝，举重一直都是武考的必考项目。

现代举重运动开始于18世纪的欧洲，那时英国伦敦的马戏班里经常会有举重表演。最开始，杠铃两端是重量不能调整的金属球，比赛也是以次数来定胜负。

1891年，在伦敦皮卡迪里广场举行首届世界举重锦标赛。

1896年的首届奥运会，举重被列为正式比赛项目，不过那时运动员的体重不分级，只分为单手挺举和双手挺举。

2000年悉尼奥运会上，女子举重被列入正式比赛项目。

1920年第七届奥运会上，开始将运动员的体重分为次轻量级（60公斤级）、轻量级（67.5公斤级）、中量级（75公斤级）、轻重量级（82.5公斤级）、重量级（82.5公斤以上级）五个级别，比赛动作也改为单手抓举、挺举和双手挺举。

此后又几经变化，延迟到2021年举办的东京奥运会举重姿势为挺举和抓举，举重项目分为男子：61公斤、67公斤、73公斤、81公斤、96公斤、109公斤和109公斤以上级七个项目；女子：49公斤、55公斤、59公斤、64公斤、76公斤、87公斤、87公斤以上级七个项目。比赛过程中如果选手将杠铃在裁判发出信号之前就放下，则意味着举重失败，每个选手各有三次尝试的机会，如果三次都没能成功，则淘汰出局，不能进行挺举。

3. 投掷

投掷运动是以运动员投掷距离和姿势评判的一项体育运动项目，比赛项目有铅球、铁饼、链球和标枪四类，这四大类投掷项目中只有标枪允许助跑，其他都不允许。投掷比赛有时间限制，一般是一分钟。

4. 铅球

铅球运动起源于古人用石块猎取野兽或防御攻击时的活动。现代铅球运动开始于 14 世纪 40 年代欧洲炮兵闲暇时推掷炮弹的游戏和比赛，后来才逐渐变成体育运动项目。男、女铅球运动分别在 1896 年和 1948 年被列为奥运会正式比赛项目。

5. 铁饼

铁饼运动的起源很早，早在公元前五世纪，古希腊的现实主义雕刻家米隆就创作了《掷铁饼者》的雕像。1896 年，第一届奥运会上男子铁饼就被列为奥运会正式比赛项目，女子铁饼在 1928 年被列入。

6. 链球

男子链球是在 1900 年被列为奥运会正式比赛项目的，女子链球是在 2000 年列入奥运会正式比赛项目的。

7. 标枪

投掷标枪是一种古老的运动项目，它起源于古人用长矛打猎的活动。1906 年，在庆祝奥运会举行十周年的运动会上，开始有了投掷标枪比赛，以后投掷标枪便成为一项正式的国际比赛项目。1932 年，第十届奥运会上，女子标枪被列为比赛项目。

体育老师说

同学们在使用体育器械时要注意安全，比如练习双杠，有同学在练习的时候，其他人不能站在双杠的杠端，要站在双杠两侧的两米之外。练习单杠，训练的时候同学们也要站在两侧。练习举重要缓慢增加重量，要选择适合自己的重量，不可超出身体的承受范围。投掷能力是一种全身性的运动能力，它是在协调能力、平衡能力、上下肢及腰腹部力量发展到一定水平后才拥有的，需要在老师的专业指导下才能练习，否则会造成一些损伤。

第五章 运动健康与身体健康

- 做好热身，避免运动损伤

- 认识我们的肌肉和骨骼

- 科学锻炼，茁壮成长

- 运动与健康小常识

- 运动损伤急救小知识

一 做好热身，避免运动损伤

导读站

体育课上，老师说："同学们，待会儿我们要进行足球训练，在训练之前大家要跟我一起来做一下热身运动。"

"老师，一节课这么短时间，要不我们不做热身运动了直接去训练吧？"一名同学提议。

老师笑着摇了摇头："同学们，你们一定要记住热身运动是所有运动训练的重要组成部分，跟运动训练一样重要，它能让我们避免运动损伤，不能省去。"

体育小课堂

热身运动也叫准备运动，是某些全身活动的组合。从名字就能知道，热身运动是在训练活动前进行的运动。

有效的热身运动是通过较轻的活动量，让我们的肢体先活动起来，为随后进行强烈的身体运动做好准备。有效的热身运动能提高随后剧烈运动的效率，并降低剧烈运动所带来的损伤。有些人忽略了热身运动，一上来就直接进行剧烈的运动，结果导致身体出现一些损伤。

热身运动不是简单的蹦蹦跳跳，也不是拉一拉胳膊、伸伸腿。虽然热身运动是从简单和轻松的动作开始，但是需要一个循序渐进的过程，这样既能将运动风险降到最低，也能让身体达到巅峰状态。

一个完整的热身运动通常包括：一般热身，静止肌肉拉伸，运动专项的热身和动态的肌肉拉伸四部分。

一般热身是指一些轻松的身体活动，其目的是促进心率的提高，刺激呼吸的频率，增加血流量，提高肌肉的温度，一般为 5 ~ 10 分钟，直到身体微微出汗为止。

静止的肌肉拉伸主要是针对运动时需要的大肌肉群进行的一些拉伸动作，这些拉伸能有效降低运动受伤的风险，提高肌肉的灵活性，让关节活动范围增加，通常为 5 ~ 10 分钟。

专项运动热身是根据一些运动专项所需要的热身活动。动态的肌肉拉伸包括控制软组织的平衡，以及一些摆动活动，以此来扩大身体关节的活动范围，这个热身对参与专项的运动员非常重要。

热身时大腿后部、大腿内侧、小腿、背部的肌肉应该被拉伸，此外像肩关节、胯关节、膝关节、踝关节等部位也需要被活动到。

通常热身的时间需要占运动总时间的10% ~ 20%，比如可能要运动50分钟，那么热身时间应该在5 ~ 10分钟。不过具体时间也因运动项目、个人体质、季节和环境温度的不同而不同，一般来说要运动到微微出汗即可。

热身运动的作用主要有以下几点：

一是热身运动可以升高体温。通过热身运动可以增加肌肉收缩的速度和力量，改善肌肉协调能力，提高肌肉的弹性，从而有效预防或减少肌肉、肌腱韧带的拉伤。

二是热身运动可以让肌肉毛细血管扩张，降低血管壁的阻力，增加肌肉中血液的供应，当血液的流速和流量增加后，能源的供输和代谢物的排泄也会有所改善。

三是热身运动可以让关节内腔分泌更多的滑液，减轻关节面的摩擦，从而减少激烈运动造成的关节软骨损伤。

四是热身运动可以增加韧带的柔韧性，从而预防韧带的撕裂伤。

五是热身运动能提高人体大脑的反应速度，让人的大脑皮层处于兴奋状态，提高人体的警觉性，降低意外损伤的发生。

六是热身运动还能缓解和调整训练或比赛前的紧张心理，为顺利比赛或训练做好心理上的准备。

体育老师说

热身运动很重要，但容易被人忽视。如果人体没有经过充分的准备就突然进行剧烈的运动，将会出现头晕、恶心、腹痛、四肢痉挛，甚至会出现关节、肌肉拉伤等情况，严重时还会出现运动性休克。同学们一定要记得，每次运动前都要先拉伸。

认识我们的肌肉和骨骼

导读站

下课铃响起时，涛涛很费力才站了起来。"博士"张博忙问他这是怎么了，涛涛说昨天踢球的时间太长了，今天腿又酸又痛。

"博士"说这是乳酸堆积造成的。看到大家不解，于是"博士"解释道："各种形式的运动，像踢球、跑步其实都是靠肌肉的收缩来完成的。肌肉要收缩也需要能量啊，这个能量哪里来呢？"

圆圆催促道："你就别卖关子了，快点告诉我们吧。"

"博士"有点不好意思了，于是赶紧接着说："这个能量主要是依靠分解肌肉组织中的糖类物质提供的。在氧气充足的情况下，比如我们坐在这里时，肌肉中的糖类物质就直接分解成二氧化碳和水，同时释放大量的能量。但是当我们做剧烈运动时，像涛涛踢足球时，需要大量的能量，这时肌肉也需要大量的氧，但是身体没有那么多，于是肌肉中的糖类物质就分解成乳酸，然后这些乳酸就大量堆积在我们的身体中，刺激我们的神经，于是我们就觉得酸痛，同时乳酸的堆积还会导致肌肉吸收较多的水，所以还会出现局部的肿胀。如果我们平时多锻炼，运动前做好热身，运动不要太过量，运动后再拉伸，基本不会出现酸痛的情况。"

体育小课堂

骨骼是我们身体中的坚硬器官，起着支撑、保护我们身体的作用，是人体运动系统的一部分。成年人一共有 206 块骨，包括脑颅骨、面颅骨、躯干骨、四肢骨等。两块相邻的骨骼通过关节连接，使运动成为可能。

人体大约拥有 639 块肌肉，根据结构和功能可以分为平滑肌、心肌和骨骼肌三种。骨骼肌是附着在骨骼上的肌肉，是运动系统的动力部分。在神经系统的支配下，通过骨骼肌的收缩，带动骨骼的运动，从而引起人体做出动作。

骨骼和肌肉能执行人体的很多功能，比如我们的运动就是通过肌肉的收缩来完成的。当我们的肌肉接收到神经系统冲动后，肌肉就会收缩，从而牵引它附着的骨骼产生运动，于是我们的身体就会运动起来。当神经系统冲动结束后，肌肉也从收缩状态变为放松状态，于是骨骼就复位了。

肌肉只能"拉"，不能"推"，所以每一块运动的肌肉，总有另一块肌肉产生相反的动作。比如，当我们弯曲腿时，有一块肌肉让我们的腿弯曲，同时还有一块肌肉是将我们的腿拉直的。大家可以屈伸肘关节，感受一下肱二头肌和肱三头肌的拉伸。

我们人体重量的大部分就是肌肉和骨骼，人体很多功能都是通过肌肉和骨骼去完成的，因此我们要注意保持它们的健康，尤其是正处在生长发育阶段的中小学生。要想拥有健康的骨骼和肌肉，就要注意饮食营养全面，要坚持锻炼身体并注意运动安全。

长期进行体育运动，能改善骨骼的血液循环，加强骨骼的新陈代谢，使骨径增粗，骨质增厚，骨骼的抗弯、抗折、抗压缩等能力都得到较大的提高。

不同的体育运动项目对人体骨骼的影响不同。比如：太极拳运动对骨骼、肌肉和关节的影响比较突出，经常练太极拳对脊柱有良好的作用；长期坚持跆拳道运动，可以改善骨骼的血液供给，让骨骼的形态结构和性能都发生良好的变化，让骨骼变得更加粗壮和坚固；武术运动会让某些部位的骨骼密度增加。

体育运动让我们的肌肉显得更发达、结实、健康、匀称并且有力，能增强我们肌肉的耐力。

通过科学的运动，我们的肌肉、骨骼都能得到很好的锻炼，让我们身体的柔韧性、耐力、体力都能得到相应的提高。

运动的时候，尽量穿戴适当的保护性设备，以避免身体的骨骼和肌肉受到伤害。运动要适度，要循序渐进，要在老师等专业人士的指导下进行。

体育老师说

如果运动过程中骨骼、肌肉受伤了，一定要在第一时间将情况告诉老师、家长或其他长辈，并按照医生、护士的医疗指示去做。伤口没有愈合前千万不要参加运动，要让其完全愈合后再运动。骨骼、肌肉受伤的急救措施是：将一块冰敷在受伤的地方并高高抬起，这样可以降低肿胀和疼痛。

三 科学锻炼，茁壮成长

导读站

一天放学后，甜甜找到体育老师。她说："老师，我想增加自己的运动难度，我觉得目前的运动太简单了。"

老师问道："你自己有什么想法吗？"

甜甜说："我想增加我的跑步距离，要不以后我跑10公里吧？"

老师笑着摇了摇头道："这个恐怕不行。你现在还没成年，身体还处于发育阶段，虽然需要运动，但运动量太大对身体也不好。跑步太多对关节处的骨骼发育不利，因为跑步对关节的冲击力很大，尤其是冬天，骨骼容易发炎，这样会影响你的身高的。"

甜甜吃惊地说："我还以为只要自己的身体能承受，跑步多了也没事呢，原来多了也有害。"

老师笑道："什么事都要适度，不能太过量，'过犹不及'啊。我给你的身体重新做个检测，然后再给你制订一个新的运动计划，你不能自己偷偷增加运动量啊，否则可能会给你带来一些伤害。"

甜甜赶紧点了点头："老师，谢谢您！放心吧，我会按照您制订的计划锻炼的。"

体育小课堂

中小学生正处在生长发育的关键阶段，骨骼、力量还没有成型，如果不遵循他们身体的特点，随意进行体育锻炼，可能会对他们的身体造成严重的伤害，所以中小学生的体育运动要科学、合理。中小学生在体育锻炼的时候要遵循以下原则和方法。

科学锻炼，循序渐进

　　一是要进行体格检查。体格检查也叫身体检查，中小学生在科学锻炼前要进行严格的身体检查，以便根据学生的健康和体能情况，制订合理的锻炼计划。

　　二是运动时要区别对待。不同年级、不同学生的体能都不尽相同，要根据每个学生的体能安排适合他们的锻炼内容、方法和运动量。比如，进行跑步练习时，要根据每个学生体能的不同安排合适的距离。训练的时候，要遵循由小到大的原则，千万不要突然增加运动量，以免造成运动损伤。

　　三是运动量要合理。想要中小学生的身体锻炼取得理想的效果，运动量一定要适宜，太多对学生的成长不利，太少达不到锻炼的效果。运动量也就是运动数量的总和，跟运动强度、密度和持续时间有关。对身体健康的小学生来说，运动时心率达到 180 ~ 190 次 / 分钟为大运动量；心率达到 150 ～ 170 次 / 分钟为中等运动量；心率达到 120 ～ 150 次 / 分钟为小运动量；心率每分钟在 120 次以下是轻微运动量，小学生的锻炼标准应保持在中等及中等运动量以上。

四是要经常锻炼。人体的发展和体质增强是一个不间断的过程，是一个不断适应、累计和逐渐提高的过程，既没有立竿见影的妙方，也没有一劳永逸的奇法，并且人体还有一个特点，锻炼则进步、发展，不锻炼则退步、削弱，所以要养成常锻炼的好习惯，这样才能拥有一个良好的身体。

五是要遵循循序渐进的原则。人体是在不断重复中逐渐适应、发展和提高的，中小学生的体育锻炼如果不循序渐进，不仅不能提高运动能力，达到锻炼的效果，甚至还可能给身体带来伤害，所以中小学生的体育锻炼要循序渐进，要由小到大、由易到难、由简到繁，逐渐进行，不要想着"一口吃成个胖子"。

六是坚持全面锻炼原则。人体是一个有机统一的整体，每个组织器官既相对独立，又相互联系，相互影响，所以锻炼要全面，只有这样才能促进整个身体的全面发展，否则就会让身体发展不协调。中小学生正处在身体发育的关键阶段，这点尤其重要。研究表明，不同的锻炼内容会给人体带来不同的生理变化。比如，跑步能提高学生的肺活量；单双杠、俯卧撑等能增强学生手、臂的力量。全面锻炼则会让这些良性结果互为补充和促进，提高学生的身体素质和运动能力，所以体育锻炼时，要注意运动内容的多样性。

七是要做准备工作。人体从相对静止状态到运动状态，是需要克服生理惰性的，所以体育锻炼前要进行准备活动，也就是热身运动。中小学生需要用 10 ～ 20 分钟去克服这个生理惰性，以提高中枢神经的兴奋性，加强心肺功能，让肌肉、肌腱、韧带等灵活、富有弹性，从而更好地运动，并减少一些运动伤害。

八是要做必要的水分补充。人体在运动的时候，会因流汗而迅速丧失水分，如果不及时补充，身体就会出现脱水的现象，人也会感到口渴。所以，在运动的时候要记得随时给身体补充水分。

九是不要忘记整理活动。如同体育锻炼前的热身一样，身体在剧烈锻炼之后，也需要一段时间去恢复平静，让心率重归正常。每次体育锻炼后要做一些轻松、舒缓的活动让紧张的身体松弛下来，让心跳逐渐缓和，呼吸逐渐平稳，这样能加速疲劳的缓解和消除。

十是注意安全。不管做什么体育锻炼都要注意安全，如果不注意安全，不注意体育锻炼的科学、合理性，就可能出现伤害事故。

体育老师说

因为运动中会大量出汗，会消耗掉体内的水分，从而影响心脏的输出能力，所以运动时补充充足的水分是必需的。在运动前 1～2 小时和运动中都要喝一些水，不过运动中饮水不宜过多，运动后也要有计划地给身体补充水分，不要等到口渴了才想到要去喝水，口渴表明身体已经缺水了。

四 运动与健康小常识

导读站

去做课间操的路上，洋洋跟涛涛抱怨道："我觉得还不如把课间操取消了。你说运动这一会儿有什么用？还不如让我趴在桌上睡会儿。"

涛涛奇怪地问道："你每次跳完操没感觉更精神吗？我每次跳完操觉得很轻松，上课时效率也提高了。"

"博士"张博说："课间操有好几个作用呢。它能消除我们的疲劳，让我们紧张的大脑得到放松；还能让我们疲劳的眼睛得到休息，从而预防近视；它能舒展我们的筋骨，消除不良坐姿带来的有害影响，能预防脊柱弯曲哦；它还能强身、健脑，提高我们的学习效率呢。如果你没有感受到这些好处，可能是你没有认真做，姿势没有到位。"

洋洋诧异道："原来课间操有这么多好处啊，我都不知道，今天我好好做，感受一下。"

体育小课堂

运动与健康是学校教育的重要内容。由于体育运动自身的独特特点，可能会出现一些运动事故，这给学生心理、生理带来很多伤害，在运动前如果了解运动和健康的一些小常识，可能就能避免这些伤害。

1. 运动伤害产生的原因

（1）可能没有意识到预防运动伤害的重要性，没有积极采取有效的预防措施，或者措施不当。

（2）不做热身运动，或者热身运动做得敷衍了事，然后就进行了激烈的体育运动，这样容易造成肌肉损伤、肌腱扭伤、韧带拉伤等运动伤害。

（3）在运动过程中心理状态不好，出现急躁、恐惧、害羞、麻痹、缺乏经验或不自量力等，也容易导致发生意外。

（4）在气温过高或潮湿的夏季，容易大量出汗而导致失水过多；在寒冷的冬季易发生冻伤或其他伤害事故。

（5）有的同学体质弱，体育基础差，有时不能适应体育运动的需要，从而发生伤害事故。

（6）有些同学不遵守体育运动规律、纪律、规定和要求，从而导致身体受到伤害。

2.运动时应该注意的安全事项

（1）运动前要做好准备工作。准备工作包括：检查自己的身体状况，看看有没有不良症状，如果有及时向老师反映。有心脏病或其他不适合参加体育运动疾病的同学不能隐瞒自己的病情，勉强参加。

（2）运动前要认真检查运动场地和运动器材，比如看场地是否平整，体育设施是否安全牢固等。

（3）要根据老师的要求穿运动服、运动鞋，不要佩戴金属或玻璃装饰物，不要携带尖利的物品。戴眼镜的同学如果不戴眼镜也可以上体育课，那就尽量不戴，如果必须要戴，做动作时要小心谨慎。

（4）要认真做热身运动，以免造成运动损伤。

（5）运动时要讲科学，要掌握动作要领，正确使用各种器材。使用运动器械时，不仅要注意自身的安全，还要注意不要伤害到其他人。

（6）运动强度要适当。体育运动要循序渐进，由易到难，从小到大。负荷过小，对身体的作用不大，负荷过大，会伤害身体，只有适宜的负荷才能起到增强体质、提高健康的作用。

（7）运动后要做恢复整理运动。恢复整理运动能使人从紧张的运动状态过渡到安静状态，让心脏逐渐恢复平静，身心得到放松。突然停止运动，会造成暂时性贫血、心慌、晕倒等危害健康的状况。

（8）运动后如果觉得十分疲惫、四肢酸沉，还有心慌、头晕等情况，这说明运动负荷过大，需要好好休息，下次可以降低负荷；如果运动过后全身舒适，精神愉悦，睡眠良好，则说明运动负荷很合适，可继续保持。

（9）体育运动需要消耗大量的能量，运动前或运动后要适当补充一点能量。记住饮食要科学，这样才能保证最佳的锻炼效果。

🧑 体育老师说

　　同学们，想要拥有一个好身体，运动只是一方面，还要注意科学饮食。日常饮食中要吃各种粮食、蔬菜、水果、鱼肉、蛋、奶等，不能偏食、厌食，要吃饱，但不能吃撑，不能暴饮暴食。吃饭时不要太快，要细嚼慢咽，这样能提高食物的消化率，同时保护我们的肠胃。切记，一定要吃早餐，并且要吃好，这样才能保证身体的健康成长。

五 运动损伤急救小知识

导读站

课间休息时，冉冉在教室里跟同学打闹，一不小心将脚崴了，同学们立即将他扶到座位上坐了下来。

一名同学提议道："我给你按摩按摩，看看能不能减轻一点疼痛。"

另一名同学说："我去打点热水，待会儿倒在毛巾上给你热敷一下，这样可以活血化瘀。"

这时甜甜说："停！你们俩的方法都不对，这样只会加重冉冉的疼痛。正确的做法是 24 小时内应该是冷敷，24 小时后才能根据具体情况采取按摩、理疗等方式。现在这里也没有冰，冉冉到底伤多重我们也不知道，我们还是赶紧告诉老师把冉冉送到医务室吧。"

体育小课堂

运动过程发生的各种损伤叫运动损伤。运动的时候，有时因为没有意识到一些潜在危险，有时在剧烈运动前没有做热身运动或热身运动不充分，有时因为运动场地或运动量不合理，都可能会带来诸如扭伤、挫伤、拉伤等运动损伤，有时因为缺乏一定的运动卫生知识，没有对运动损伤及时采取正确的急救措施，让受伤者遭受了不必要的痛苦，有的甚至造成终生的遗憾。那么，发生运动损伤后应该怎么急救呢？

1. 挫伤

挫伤是指在钝重器械打击或外力作用下，导致皮下组织、肌肉、韧带或其他组织受伤，通常这种伤处的皮肤看起来是完整无损或只有轻微破损，但会出现疼痛、肿胀、皮下出血和功能障碍等症状。

处理方法：受伤后要马上采取局部冷敷、外敷伤药等方式，可适当加压包扎，并将受伤的地方抬高，减少出血和肿胀。如果头部、躯干部受到严重的挫伤，可能还会发生休克症状，这时要仔细观察伤者的呼吸、脉搏等情况，如果出现休克，要先进行抗休克处理，让伤员平卧休息、保温、止血，并立即送医院诊治。

2. 肌肉拉伤

肌肉拉伤是指肌肉在运动过程中被部分撕裂或完全断裂。肌肉拉伤后通常会出现局部疼痛、压痛、肿胀、肌肉发硬、痉挛、功能障碍等。如果发生了肌肉断裂，伤员在受伤时会感受到撕裂感，并会失去对相应关节控制的能力，如果摸一下还能在断裂处摸到凹陷，凹陷附近会摸到异常隆起，这就是肌肉的断端。

处理方法：如果是肌肉拉伤，应马上使用氯乙烷镇痛喷雾剂等进行局部冷敷，并加压包扎，并让受伤的部位处于能使肌肉松弛的位置，这样可以减轻伤员的疼痛。如果肌肉、肌腱发生部分或完全断裂，还应进行局部加压包扎，固定好患处后马上送医院诊治，必要时接受手术治疗。记住，拉伤等在 48 小时后才能按摩。

3. 手指关节、韧带损伤

关节、韧带损伤是指间关节扭伤。这种损伤的表现是：疼痛剧烈，关节周围出现红肿，发生运动功能障碍，出现局部压痛等。如果是一侧的韧带断裂，则会出现轻度侧弯畸形和异常的侧向运动，如果出现了关节脱位，则会出现伤指向背侧曲折成畸形的情况。这个需用 X 线进行检查。

处理方法：如果是急性扭伤，马上进行冷敷，然后局部外敷药并固定；如果出现指间关节韧带断裂，则要固定 3 周；如果拇指、小手指和食指的韧带都出现断裂，需要用夹板固定；如果伤情比较严重，如指间关节韧带断裂后，侧向运动较为明显或发生了撕脱骨片嵌入关节，这需要及时通过手术进行治疗。

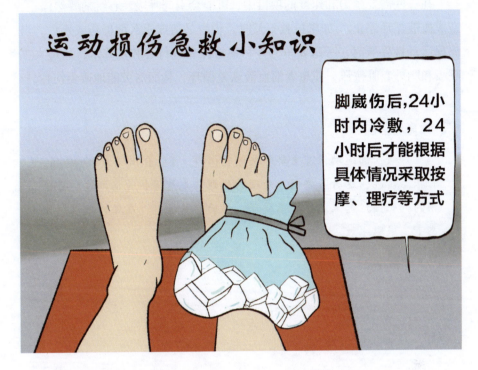

4. 跟腱断裂

通常跟腱断裂时足部表面并不会出现什么异常现象，但是伤者有剧烈撕裂的疼痛，并丧失足部活动的能力，这是一种非常严重的运动损伤。

处理方法：要马上用冷水、冰块冷敷，并将踝关节固定，抬高患肢，立即送医院处理。

5. 腰扭伤

通常在举重、跳水、投掷、体操中容易发生腰扭伤的情况，当然其他运动也会造成腰扭伤。

处理方法：如果腰扭伤了，要马上停止活动，然后卧床休息。躺在床上时，可以在腰下垫个薄点的软枕头，这样能让腰部的肌肉放松，以减轻疼痛。

6. 运动性昏厥

在一些需要耐力和速度的项目中，可能会引起呼吸、心跳的骤然停止，造成血液循环停止。 如果抢救不及时，很容易造成永久性损伤或死亡。当出现运动性昏厥时，一定要争分夺秒地对患者进行心肺复苏术，通过人工呼吸和胸外心脏按压，使患者的血液恢复循环，从而尽可能地避免伤亡。

体育老师说

一般人的运动伤害主要是跌倒或扭脚，可能会出现出血、疼痛、肿胀等情况，这时不要慌，处理的原则首先是保护受伤部位，将受伤的部位固定起来，尽量不要动。然后才是治疗，在保持不动的状态下，采取冰敷。

第六章 包罗万象的专项运动

- 大球运动，认识足球、篮球、排球

- 小球运动，从国球乒乓球讲起

- 田径运动，跑、跳和投掷

- 搏击运动，有艺术也有激情

- 冰上运动，让我们站上冰场

- 水上运动，游泳、跳水和水上芭蕾

- 棋牌运动，围棋、象棋和桥牌

一 大球运动，认识足球、篮球、排球

导读站

国庆假期结束，第一天上课的涛涛兴奋地跟同学说："你们看《夺冠》了吗？女排姑娘太厉害了，太感人了，我妈妈都哭了好几次。"

悠悠说："我也哭了，尤其是看到她们浑身都是伤，大年三十还在训练，我的眼泪忍不住掉了下来，她们这哪里是打球，这明明是在拼命啊。"

冉冉说："那时我们国家穷，想要超过美国、日本，除了吃苦和拼命还能怎么办呢？"

甜甜说："她们的团结、她们的拼搏、她们的自信，还有她们坦然面对输赢的态度，都让我非常感动，我现在特别想去学排球。"

"博士"张博笑道："1981年中国女排以七战七捷的好成绩获得了第一个世界冠军，这是中国首次在世界篮球、排球、足球三大球类比赛中取得的历史性突破，标志着我国开始从体育大国向体育强国迈进。"

体育小课堂

大球运动是指足球、篮球、排球三种球类的运动，是以运动所用球的大小来划定的，据说这种说法源于苏联。

1. 足球

足球起源于中国古代的球类游戏蹴鞠，后来经阿拉伯人传入欧洲，然后演变成现代足球。现代足球始于英国，最初足球竞赛规则并不一样，直到1863年英格兰成立了世界上第一个足球协会，才将足球运动的竞赛规

则统一。

1900 年，足球被列为第二届夏季奥林匹克运动会的正式比赛项目，不过当时并没有受到人们的重视。

20 世纪初，足球运动开始在欧洲迅速发展，各国相继成立了足球俱乐部，职业足球在欧洲大陆风靡起来。

1926 年，在西班牙巴塞罗那举行的国际足联总会上，国际足联决定 1930 年在乌拉圭举办第一届国际足联世界杯，并决定以后每四年举办一次世界杯，这就是足球世界杯的来历。

足球是对抗性非常强的集体竞技项目。足球比赛的场地为长方形，根据场上不同位置，分为守门员、边后卫、中后卫、前卫、中锋、边锋，比赛时每队场上队员不得多于 11 人（包括 1 名守门员）。全场比赛为 90 分钟，分为上、下两个半场，每半场为 45 分钟，中间休息的时间不得超过 15 分钟。如果 90 分钟的比赛，两队打成平手，将进行上、下各 15 分钟的加时赛，如果还是打成平手则通过罚点球来决胜负。

2. 篮球

篮球起源于美国，最开始比较简单，对场地和人数都没有限制，只将比赛人员分成人数相等的两队进行比赛，并且球筐还有筐底。后来场地设施不断改进，球篮也在不断改进，人数也改成每队 5 人，分后卫、守卫、中锋、前锋、留守等位置。

1895 年篮球运动传入我国，1896 年天津基督教育青年会举行了我国第一次篮球游戏表演，之后篮球运动在我国天津、北京等地开展起来。1910 年，在旧中国首届全国运动会上，篮球被列为表演项目。1914 年，在第二届全运会上被列为男子正式竞赛项目，1924 年在第三届全运会上被列为女子正式竞赛项目。新中国成立后，从 1951 年开始篮球一直都是亚运会的正式比赛项目。

1932 年，篮球的最高组织机构国际篮球联合会成立，总部设在瑞士日内瓦。1936 年男子篮球被列入奥运会正式比赛项目，当时我国还派出篮球队参加了当年的柏林奥运会篮球项目。1946 年，美国出现职业篮球赛，后发展为 NBA。1976 年，女子篮球被列为奥运会正式比赛项目。

篮球赛场也是长方形的，里面配有篮球架。篮球比赛由四节组成，每节 10 分钟，第一节和第二节、第三节和第四节之间有 2 分钟的休息时间，半场休息时间是 15 分钟。如果在第四节终了时，两队比分相等，则增加一个或多个 5 分钟的决胜期。

NBA 是世界上级别最高的篮球比赛，其规则跟其他比赛不同。其比赛时间是每节 12 分钟，每场比赛可以叫六次长暂停、两次短暂停（上、下半场各一次），加时赛中还有三次 60 秒暂停，球员犯规 6 次或技术犯规 2 次才会被罚下。

3. 排球

排球运动起源于美国，最开始是在篮球场地上挂一张网，两队队员隔网站立，以篮球胆为球，在网上打来打去，后来慢慢演变成排球比赛。

1896 年，摩根制定了世界上第一个排球竞赛规则；1905 年，排球传入中国；第一次世界大战期间，排球获得进一步的发展，排球规则也在发展中不断完善；1918 年，开始规定每队上场的运动员为 6 人；1964 年，男子排球、女子排球成为奥运会的正式比赛项目。

排球的比赛场地也是长方形的，场中有宽 1 米、长 9.5 米的球网，女子球网的高度是 2.24 米，男子的是 2.43 米。常见的位置分配是主攻手、副攻手、二传手和自由人。

1998 年，国际排球联合会将比赛制度改为每球得分制，正式比赛采取五局三胜制，前 4 局的比赛采取 25 分制，只有至少赢得 25 分，并超过对手 2 分，才算获胜 1 局；决胜局的比赛采取 15 分制，一队先得 8 分后，两队交换场区，然后按原位置顺序继续比赛直到结束；决胜局的比赛，先获得 15 分，并领先对手 2 分为胜。如果出现 24 平或 14 平时，要继续比赛直到某队领先 2 分才算获胜。

🏃 体育老师说

同学们，每个人的成功都不是偶然，都是用努力和汗水换来的，想要取得非凡的成绩，需要你非常的付出。这些体育明星的名言你喜欢哪一句？

乔丹：我可以承受失败，但是不能忍受放弃。

姚明：努力不一定能成功，但放弃一定会失败。

科比：即使全世界都抛弃了我，可还有篮球陪着我。

贝利：当人们问我哪一个进球是最精彩、最漂亮的，我的回答是：下一个！

詹姆斯：不做下一个谁，只做第一个我！

二 小球运动，从国球乒乓球讲起

导读站

看到表哥在乒乓球场不断跑动的身影，晨晨羡慕极了，他忍不住地想：如果自己也这样厉害该多好。这时，表哥喊道："晨晨，过来玩会儿吧。"

机会难得，晨晨赶紧跑了过去，随手拿起了表哥的球拍。表哥笑道："这样拿法不对，来，我告诉你应该怎么拿。你可以采用这种直拍握法，也可以采用这种横拍握法，这两种方法都行，你看看自己喜欢哪种就用哪种。不过都不要握得太紧或太松啊。来试试看，晨晨。"

看到晨晨已经学会了握拍，表哥鼓励道："晨晨，你很有运动天赋啊，这么快就学会了。我们试着练习一下，就像我这样，你试试。"

体育小课堂

乒乓球起源于英国，因其打击时发出"Ping Pong"的声音而被叫作乒乓球。

19世纪末，欧洲流行网球运动，不过因为经常受到场地和天气的限制，有时无法进行，于是英国一些大学生便把网球挪到室内，把餐桌当作球台，把书当球网，用羊皮纸当作球拍，在餐桌上打来打去，后来几经改变变成了乒乓球运动。

1926年，国际乒乓球联合会正式成立，并决定举办世界第一届乒乓球锦标赛。从1926年到1951年，各国选手大多使用表面有圆柱形颗粒的胶皮拍，这样的球拍可以让球产生一定的旋转，于是出现了削下旋球的防守型打法，不过这种球拍只能打出下旋。这一时期，匈牙利的成绩最突出，在 117 项次世界冠军中，他们获胜了 57 项。

从 1952 年到 1959 年，日本的乒乓球开始崛起。1959 年，我国选手容国团获得第二十五届世界乒乓球锦标赛男子单打冠军，从此我国运动员开始登上世界乒乓球大舞台。

1961 年，我国在第二十六届世界乒乓球锦标赛中，获得男子团体世界冠军。此后，我国又获得了第二十七届、二十八届男子团体冠军。

1971 年到 1979 年，欧洲乒乓球开始复兴。1981 年到 1988 年，中国乒乓球队又攀上世界高峰，乒乓球比赛变成了"中国乒乓球队对垒世界各国队"的局面。

1982 年，国际奥委会决定从 1988 年开始把乒乓球加入奥运会正式比赛项目，这加快了乒乓球运动的发展。

因为中国队的突出表现，有人提议将乒乓球变大，把网加高，不过这个建议并没得到重视。后来，因为乒乓球运动技术的不断提高，球速越来越快，旋转越来越强，有时大家还没看清怎么回事，胜负就已经决出，这样快的速度削弱了人们观看的兴趣。2000 年，在吉隆坡举办的国际乒联特别大会和代表大会通过了将乒乓球由原来的 38 毫米小球改成 40 毫米大球的方案。

2001 年，乒乓球赛制发生了变化，比赛每局为 11 分，采用七局四胜制（单项）或五局三胜制（团体），比赛分为团体、单项（男单、女单、男双、女双、混双）。2017 年，国际乒联官网宣布，乒乓球混双为东京奥运会正式比赛项目。

2008 年的北京奥运会上，我国乒乓球队创造了世界乒坛的奇迹，从团体赛到单打赛，从男子赛到女子赛，无不以胜利而告终，包揽了男女团体冠军，席卷了男女单打三甲。

2012 年，伦敦奥运会上，我国乒乓球队又创下了神话，再度包揽全部四金。

2016 年，在里约奥运会上，我国乒乓球队取得了 4 枚金牌和 2 枚银牌的优异成绩。

体育老师说

1997 年，邓亚萍退役后，她并没有躺在冠军的荣耀里，而是迈进了清华校门，那时她连 26 个英文字母都没法完整写下，但是她凭借那种永不言败的"冠军"精神不仅从清华毕了业，还获得了英国诺丁汉大学硕士学位，还出版了英文专著《从小脚女人到奥运会冠军》。她曾说："做学问与体育训练一样，没有任何捷径可寻，更不会有天上掉馅饼的美事儿，一切靠自己去拼去搏。"

田径运动，跑、跳和投掷

导读站

　　体育场上彩旗飘飘，呐喊声、加油声此起彼伏，原来这里正在举办全市中小学生秋季田径运动会。

　　当运动员进行曲响起时，一个个方队迈着整齐划一的步伐从主席台前走过。在比赛中，一个个小运动员挥汗如雨，他们努力拼搏，争做第一。操场上，径赛运动员如离弦之箭冲向终点，跳高运动员的弹跳让同学们惊叹，投掷运动员的胳膊一看就充满了力量。这些小运动员不仅展示了自己的身体素质和体能素质，还体现了奋勇拼搏、积极进取的精神。

体育小课堂

　　田径运动是田赛、径赛和全能比赛的全称。田赛、径赛、全能比赛怎么区分呢？通常将田径运动中以时间计算成绩的项目叫径赛，以高度或远度计算成绩的项目叫田赛，而全能赛就是以各单项成绩按"田径运动评分表"换算分数计算成绩。

　　田径运动产生在上古时代。那时的人为了获得生活资料需要跟大自然及猛兽做艰苦的斗争，他们不得不到处奔跑，跳过各种障碍，投掷石块并使用工具，于是便形成了走、跑、跳和投掷的各种技能。随着社会的发展，人们有意识地将走、跑、跳、投掷当作一种比赛形式。

　　田径比赛起源于古希腊的古代奥运会。公元前 776 年，古希腊奥林匹克村举行了古代第一届奥运会，当时的项目只有一个，就是短距离赛跑，跑道是一条长 192.27 米的直道路，这就是世界上最早的田径比赛。

到公元前 708 年，古代第十届奥运会时，跳远、铁饼、标枪等被正式列入田赛项目，不过当时只准男子参加，女子连观看都不行。

公元前 490 年，传说希腊士兵菲利皮迪斯为了将希腊打败波斯军队的喜讯传到雅典，从马拉松城一直跑到了雅典城，大约跑了 40 公里，最后力竭而亡，后人为了纪念他而创立了马拉松长跑比赛。

1894 年，在法国巴黎成立了现代奥运会组织，1896 年在希腊举办了第一届现代奥运会。在这届奥运会上，田径的走、跑、跳跃、投掷等项目被列为奥运会的重要竞技项目。

1928 年，在第九届奥运会上，首次增加了女子田径比赛。

1968 年，美国吉姆·海因斯以 9 秒 95 打破世界 100 米短跑纪录。

20 世纪初，外国传教士将现代田径运动带到了中国，后来逐渐在学校得到普及。1932 年，中国第一次参加第十届洛杉矶奥运会。

新中国成立后，田径运动得到迅速普及。从 1953 年起，我国几乎每年都会举行规模较大的全国田径运动会。

1956 年，在女子跳高运动中，我国运动员郑凤荣以 1.77 米的成绩打破了当时 1.76 米的世界纪录。

1983 年，在上海举办的第五届全运会上，跳高运动员朱建华跳出了 2.38 米的世界纪录，打破了由他自己保持的 2.37 米的世界纪录。

1983 年，徐永久以 49 分 4 秒的成绩获得了 10 公里竞走金牌，创造了女子竞走世界纪录，成为中国第一个在世界比赛中获得冠军的田径运动员。

2000 年，在悉尼奥运会上，我国运动员获得 20 公里竞走金牌。

2004 年，在雅典奥运会上，刘翔夺得 110 米栏冠军。

2015 年，刘虹获得女子 20 公里竞走金牌同时打破世界纪录。

田径运动是体育运动中最大的一个项目，是所有大型运动会中比赛项目最多、参赛运动员最多的项目。现代田径运动主要包括竞走、跑、跳跃、投掷以及由跑、跳、跃、投掷的部分项目组成的全能运动，包括短距离跑、中距离跑、长距离跑、跨栏跑、接力跑、障碍跑、竞走、跳高、撑竿跳高、跳远、三级跳远、铅球、铁饼、链球、标枪、男子十项全能及女子七项全能共计四十多项。

体育老师说

田径运动是集走、跑、跳、投掷为一体的体育运动，它能促进人体的新陈代谢，协调神经系统和运动系统之间的联系，提高其他器官的机能。经常进行田径运动能有效发展耐力、速度、力量、灵敏、协调性等身体素质，提高健康水平，它简单易行，不仅能让人获得运动技能，还能培养人的意志品质。

四 搏击运动，有艺术也有激情

导读站

星期五晚上回家的路上，洋洋跟爸爸说自己想学跆拳道。爸爸疑惑道："我记得去年让你去学，你都不愿意，怎么这次主动要学呢？"

洋洋挠了挠头，不好意思地说："爸爸，人家现在喜欢了嘛。你不知道，我们班上的蕾蕾原来很瘦弱，学了几年跆拳道后变得强壮了很多，我也想变厉害。"

爸爸笑着说："儿子，跆拳道不仅能增加你的身体素质，让你变强壮，以后还能让你有能力保护自己，保护他人，这是好事，只要你想学，老爸就支持你，明天我们就去报名。"

体育小课堂

现代搏击运动的种类非常丰富，世界各地都有独具特色的搏击运动。比如，中国的散打，日本的柔道，韩国的跆拳道，法国的踢拳，巴西的柔术，欧洲的自由搏击，希腊罗马的摔角，以色列的格斗术，此外还有拳击、武术、空手道、合气道、桑搏等。因为搏击运动的具体种类太多，这里只选择几种简单介绍一下，其他不做专门介绍。

1. 散打

散打，也叫散手，是中国武术的一个重要竞赛形式，是以踢、打、摔、拿四种技法为主要进攻手段的体育运动。它在比赛格斗中讲究出其不意，不太讲究招法，只讲究打赢实用。

2. 柔道

柔道起源于古代日本武士的一种空手搏斗技术——柔术。在日语中，柔道就是"温柔方式"的意思，通过把对手摔倒在地而赢得比赛。它强调的是对技巧的熟练掌握，不是力量的对比。它讲究以柔克刚，刚柔相济，经常练习不仅能提高人身体的敏捷性、灵活性、力量性，还能锻炼人的精神品质。

3. 跆拳道

跆拳道是东亚文化中发展起来的一项朝鲜武术，是一种利用拳和脚的艺术方式，以"始于礼，终于礼"的武道精神为基础。

跆拳道是主要以脚法为主、拳脚并用的一种功夫，其脚法占 70%。跆拳道的所有动作都以格斗为核心，所以要求速度快、力量大、击打效果好。不仅如此，跆拳道还讲究在气势上要给人以威严的感觉，所以在比赛中，你经常能听到运动员发出响亮的呐喊声。不过，不管在什么场合，跆拳道练习者都要从礼开始，以礼结束，讲究礼仪、礼节、感恩，让练习者在学武的同时还能不断提高自己的道德修养。

4. 空手道

空手道起源于日本的武道和琉球的唐手。1929 年，日本人船越义珍根据般若心经中"空"的意义，将"唐手"改为"空手"，因为其他武道后面都有一个"道"字，所以"唐手术"就改为"空手道"。

空手道流派很多，主要分为那霸手(如刚柔流、极真会等)和首里手(如松涛馆、小林流等)两类。空手道讲究手脚并用，包含踢、打、摔、拿、投、锁、绞、逆技等多种技术，实战中的主要击打方式有拳、腿、手刃、肘击、膝撞等。

体育老师说

　　同学们，学习搏击是为了强身健体，提高自己的道德修养，不是为了欺负别人。如果看到有同学欺负人，我们也不能用武力去制止，不能像他们那样用暴力手段去解决问题，而是应向老师或警察寻求帮助，通过合法的手段去惩治他们。

五　冰上运动，让我们站上冰场

导读站

看着外面飘扬的雪花，浩浩感慨道："再过一年冬奥会就开始了，希望那时我能有机会到现场去看看。"

圆圆问道："冬奥会是什么啊？"

浩浩解释道："奥运会也就是奥林匹克运动会，它由夏奥会和冬奥会组成。冬奥会就是奥林匹克冬季奥运会，我们有时也叫它冬季奥林匹克运动会，简称冬奥会，是世界上规模最大的冬季运动会，也是四年举办一次，第一届冬奥会是 1924 年举办的。开始时夏奥会和冬奥会在同一年同一国家举办，不过从 1994 年开始，冬奥会和夏奥会间隔两年举行，冬奥会现在已经举办了 23 届，我国 2022 年的冬奥会是第二十四届。"

圆圆道："原来是这样啊。那是不是也应该有吉祥物啊？"

浩浩笑道："必须有啊。这次的吉祥物原型是熊猫，叫'冰墩墩'和'雪容融'，特别可爱。"

圆圆打破砂锅问到底："那冬奥会都有哪些项目啊？"

浩浩挠挠头道："这个我也不太清楚，好像有冰壶、冰球、滑雪、滑冰这类的项目吧。"

体育小课堂

冰上运动是指人们借助冰刀或其他器材在冰面上进行的一种体育运动，包括速度滑冰、冰球、冰壶、滑雪、雪橇、雪车等项目。

冰上运动的历史非常悠久。我们的祖先在跟大自然相斗争的过程中认识到冰、雪本身很滑，不好行走。后来，他们发现如果将兽骨或木板绑在脚下就能滑行，并且速度还很快，如果将重物放在上面，则可以通过推、拉轻松地将重物弄走，古人对这一现象产生了浓厚的兴趣，于是便产生了滑冰活动。

后来人们又发现金属的滑度和硬度都比骨类强，于是早期的金属滑行工具"冰刀"便产生了。又有人想脚下绑的"冰刀"如果能像鞋子那样穿在脚上就好了，于是便有了冰刀鞋。

冰刀鞋出现后，不仅大大提高了人们在冰上行走的速度，还引发了人们滑冰的热情。没事时，大家聚在一起相互比试，看看谁滑得快，这就是最初的速度滑冰竞赛方式。后来人们又制定了一些标准，同时还规定了参加的人数，这就是最初的速度滑冰规则。

有资料显示，到16世纪末期，荷兰已经兴起了冰上运动，到了17世纪，荷兰的冰上运动已经成为一项群众性的体育运动，像滑冰、冰球、冰上陀螺等都是深受荷兰人喜爱的项目。后来随着荷兰成为航海和贸易强国，他们在跟全世界做生意的同时，也将冰上运动带到了世界各地，于是冰上运动在全世界流行起来。

在19世纪中期以前，冰上运动还主要是一种游戏。但是自19世纪中期钢制冰刀问世后，冰上运动开始从娱乐活动变成了竞技体育项目，并且逐渐细分化，出现了"速度滑冰""花样滑冰""冰球"等项目。

1870 年，英国利用最新发明的专用工具在桑莫利兹湖上浇筑出世界上第一个人工冰场。紧接着，英国在 1880 年又在达鲍斯冰场上修建了拥有观众席位和乐队演奏席位的大型场地。

1885 年，在德国汉堡举行了第一次国际性的速度滑冰比赛。1892 年，在荷兰的倡导下，9 个对滑冰感兴趣的国家在荷兰举行了会议，正式成立了"国际滑冰联盟"，制定了比赛项目、比赛规则等。

1893 年，举行了第一届世界男子速度滑冰锦标赛；1924 年，举办了第一届冬奥会，冰上比赛项目有男子速度滑冰和冰球；1936 年，举行了第一届世界女子速度滑冰锦标赛。

1980 年，我国第一次参加冬奥会；1992 年，在第十六届冬奥会上，我国选手叶乔波、李琰在速滑和短道速滑项目上获得 3 枚银牌，实现了我国冬奥会奖牌零的突破。

🧑 体育老师说

每当冬季来临，很多同学都会去滑冰，不过在滑冰前同学们要注意以下几点：

第一，滑冰前也要做好热身运动，尤其是手腕和下肢各关节容易受伤的地方，一定要活动充分。滑冰的时候除了注意保暖，也建议戴上一些防护用具，如护腕、护肘、护膝等。

第二，初学滑冰免不了要摔跤，同学们要学会保护自己。当向前或向侧面摔倒时，要屈膝下蹲，用双手掌撑地缓冲，以减少摔倒的力量；当向后摔倒时，也要屈膝下蹲，降低重心，并尽量让臀部先坐下，同时低头团身，以免头部磕地。

第三，滑冰的时间不要太长，因为人在寒冷的环境中活动，身体的热量损失比较快。休息的时候，要穿上防寒外衣，同时松开冰鞋，活动一下脚步，以免脚部发生冻疮。

六 水上运动，游泳、跳水和水上芭蕾

导读站

刚到教室，悠悠就大声嚷嚷道："中午吃饭的时候，我看了一会儿跳水比赛，中国队又赢了！你们不知道，她们太厉害了，从那么高的地方旋转着跳下，入水基本没起水花，另外一个国家的人跳下去后打起一大片水花。"

旁边一个同学接口道："要不我们中国的跳水队叫'梦之队'呢！她们不仅跳得好，还跳得非常美呢！"

悠悠道："是啊，是啊，她们跳下去的时候太美了，出水的时候就像'美人鱼'。我也好想去跳水，不过我不敢从那么高的地方跳下去。"

体育小课堂

1. 游泳赛事

游泳赛事分为国内赛事和国际赛事，国内赛事主要有：

（1）全国游泳锦标赛。这个比赛每年举行一届，是全国泳界最高水平的赛事，竞赛项目包括：

50米、100米、200米、400米、800米、1500米自由泳；

50米、100米、200米仰泳；

50米、100米、200米蛙泳；

50米、100米、200米蝶泳；

200米、400米个人混合泳；

4×100米、4×200米自由泳接力；

4×100米混合泳接力、男女4×100米混合泳接力。

（2）全国大学生游泳锦标赛。这个比赛也是每年举行一届，对参赛运动员有个特别的要求，都得是在校本科生和研究生。

（3）全运会游泳比赛。这个比赛是国内规模最大、影响最广、项目最全、水平最高的大型体育盛会，一般四年举办一届。

2. 花样游泳

花样游泳，最初仅仅是在两场游泳比赛中进行的一种娱乐节目，后来又将音乐和舞蹈融入其中，最后成为一项优美的水上竞技项目，被称为"水上芭蕾"。

花样游泳不仅需要力量，还需要技巧，这些技巧需要多年的训练才能掌握，运动员需要作出多组推举、旋转、弯曲等动作，并且做这些动作时还不能借助池底的地面，要在不呼吸的情况下伸展，还要努力保持轻松的形象，这是非常难的。

3. 水球

水球也叫"水上足球"，是一种结合了游泳、手球、排球运动的集体球类运动。水球运动要求参赛队伍一边游泳，一边抢球，还要想方设法射入对方的球门，是一种需要力量、技巧和团队合作的水上运动。

水球比赛分为4节，每节8分钟，共计32分钟，两节之间可休息2分钟，中场休息时间是5分钟，包括守门员在内，每队上场7人，场外替补6人，比赛中任何时间都可换人。

4. 跳水

跳水，是一项从高处跃入水中或从跳水器械上起跳，在空中完成一系列动作后，以特定动作入水的一种优美的水上运动，要求运动员要拥有协调性、柔韧性、优美感、平衡感和时间感等素质。

跳水运动包括实用跳水、表演跳水和竞技跳水。竞技跳水是奥运会正式竞赛项目，又分为跳板跳水和跳台跳水。

跳板跳水是运动员在一端固定一端有弹性的跳板上起跳，并完成一些动作。跳板离水面的高度有 1 米和 3 米，动作有向前、向后、向内、反身和转体 5 组，每个动作的最高得分是 10 分，最后以全部动作完成后的总得分来评名次。

跳台跳水要求运动员在平直坚固的跳台上起跳，并且完成一些动作。跳台距离水面的高度有 5 米、7.5 米和 10 米，动作有向前、向后、向内、反身、转体和臂立 6 组。

中国跳水队是中国体育王牌中的王牌。从 1984 年第一次参加世界游泳锦标赛以来，已经夺得了很多枚金牌，被称为"梦之队"。2018 年，在第十八届雅加达亚运会上，中国跳水队又一次包揽跳水项目中的全部金牌，这是中国从参加亚运会以来的第 12 次大包揽。

体育老师说

同学们，当你们看到运动员站在领奖台上时会想到什么？除了荣誉与成就，你想到他们背后辛苦的付出了吗？他们每一个成绩背后都是日复一日的辛苦训练。如果你也想取得非同一般的成绩，那就要做好长期吃苦的心理准备。

七　棋牌运动，围棋、象棋和桥牌

导读站

乐乐有些惊讶地说："我刚看到一个新闻说 2022 年杭州亚运会有棋类项目，棋类也是运动吗？这太奇怪了。"

"博士"张博笑着问道："你是不是觉得只有跑步、跳跃、游泳等这些需要体力运动的才叫体育，像下棋这样坐着动脑的怎么也算是体育运动呢？"

乐乐反问道："难道不是这样吗？"

"博士"说道："当然不是了，根据有关研究，像下棋这样需要智力的游戏一样需要很强的体力。"

看到大家不解的眼光，"博士"解释道："你们看，一般的运动项目不过几十分钟而已，但是下一盘棋通常需要几个小时甚至十几个小时，这不仅需要耐力，体力消耗也很大，如果身体条件差则根本无法进行长时间的比赛，所以想要成为一个优秀的棋类运动员，也是需要一个健康的身体的。此外，棋类运动跟其他体育项目一样，也有严格的竞赛规则，还具备公平性和观赏性，棋类比赛不仅有智力、技巧的比拼，还有体力的比拼，所以被列为体育项目。"

体育小课堂

在众多的体育项目中，有一种特殊的体育竞技项目——棋牌运动。它不像其他体育运动那样需要挥汗如雨，而是需要凭借自己的智慧来取胜。

一般体育项目表现的是人与自然的对抗，而棋牌运动表现的是人与人之间的竞争。

棋牌运动指的是围棋、国际象棋、中国象棋和桥牌等智力性体育项目。棋牌运动有利于青少年的脑部发育，有利于思维方式的形成，有利于注意力、自我控制能力的提高。

虽然棋牌运动的历史源远流长，但是成为世界性体育比赛项目的时间并不长，像围棋、国际象棋、桥牌都是在 20 世纪才成为世界性体育比赛项目的。

棋牌运动是人类文明发展到一定阶段后才出现的运动，其文化内涵比其他体育运动更丰富。棋牌运动在发展过程中融入了世界各国的文化传统和行为方式。

我国是围棋、象棋和纸牌的发源地，棋牌运动的历史非常悠久。不过之前主要存在于街头巷尾和酒馆茶楼之中，不能登大雅之堂，直到新中国成立后，棋牌运动才被重视起来，先后将围棋、中国象棋、国际象棋列为全运会正式比赛项目。1979 年后，又将桥牌也列入正式比赛项目，现在棋牌运动已经得到迅猛的发展。

1. 围棋

围棋的棋盘是长方形格状的（看起来像正方形），由纵横 19 条线段将棋盘分成 361 个交叉点，然后黑白两色圆形棋子在各交叉点上进行对弈，双方交替行棋，落子后不能再移动，最后以围地多者为胜。

围棋起源于中国，春秋战国时就已经广为流传了。《左传·襄公二十五年》中曾经记载："今宁子视君不如弈棋，其何以免乎？弈者举棋不定，不胜其耦，而况置君而弗定乎？必不免矣！"这是历史上第一次关于围棋的可靠记载。

孟子在《孟子·告子上》中说："弈秋，通国之善弈者也。"弈秋是史料记载的第一位棋手。1952 年，考古学家在河北望都一号东汉墓中发现了一件石质围棋盘。

唐、宋时期，由于帝王们的喜爱以及其他种种原因，围棋得到很大的发展，对弈之风传遍全国。这时弹琴、写诗、绘画和弈棋被人们视为风雅之事，围棋也成为男女老少皆宜的游艺娱乐项目。

唐朝的时候，日本、百济、高丽、新罗等国家跟中国都有往来，围棋也被他们带到各自的国家并开始流行起来，后来又传到欧美各国。现在围棋已经成为世界人民喜爱的棋类运动之一。

2. 象棋

中国象棋和国际象棋属于同一棋种的不同分支，中国象棋定型于北宋末年，比国际象棋定型要早五百多年。

中国象棋的棋盘是方形格状，棋子是圆形的，共计 32 个，红黑二色棋子各 16 个，摆放和活动在交叉点上，双方交替行棋，谁先把对方的将（帅）"将死"，谁就获胜。

中国象棋源于中国，不过其起源众说纷纭，有说其起源于黄帝，有说起源于神农氏，也有说起源于舜的时期，还有说起源于春秋战国时期。不过象棋一词最早出现在战国时期，《楚辞·招魂》中就有关于象棋比赛的记载。

早期的象棋每一方只有6子，是一种象征战斗的游戏。后来不断发展，慢慢完善，到北宋时期先后出现了司马光的《七国象戏》、尹洙的《象戏格》、《棋势》、晁补之的《广象戏图》等象棋著作，中国象棋基本定型。

清代时，中国象棋发展到全盛时期，当时名家辈出，名谱众多，还出现了象棋著名的"七星聚会、野马操田、千里独行和蚯蚓降龙"四大排局。

新中国成立后，国家体委（现国家体育总局）将象棋列入第一批体育项目中。1956年，还举办了我国历史上第一次全国性的象棋锦标赛。

国际象棋的棋盘是正方形的，由64个黑白（深色与浅色）相间的格子组成，棋子也分黑白（深色与浅色），双方各16枚。

3. 桥牌

桥牌是四人牌戏，两人对两人，种类很多，现代桥牌起源于英国民间流行的惠斯特牌戏。桥牌运动与数学、逻辑、信息论、心理学等密切相关，是一种有益于身心健康的智力性体育竞赛项目，深受广大人民的喜爱。

体育老师说

现代社会需要德、智、体、美、劳全面发展的人才，需要我们不仅要有健康的体魄，还要有聪慧的头脑以及美丽的心灵，所以同学们要合理规划自己的时间，全面发展自己，做一个合格的社会主义接班人。

第七章 运动会，从校园到奥运会

- 校园体育

- 认识体育夏令营

- 激动人心的运动会

- 我要代表国家去比赛

- 我们一起看奥运会

导读站

  操场上喊声震天，原来是甜甜她们学校在举办跳绳比赛。这次比赛不仅有个人速度赛，还有集体速度赛，喜欢运动的甜甜选择了个人速度赛。

  比赛前甜甜的体育老师对她进行了专门的培训，因为平时经常锻炼，甜甜很快就掌握了提升速度的技巧。比赛时，在同学们的"加油"声中，甜甜奋力摇动绳子，最后取得了女子30秒单摇跳第一名的好成绩。

当甜甜从校长手中接过奖杯时，校长问她有什么感想，甜甜兴奋地说自己很激动，同时也希望以后学校能多举办一些体育比赛。

校长笑道："我们以后不仅要经常举办校园内的体育比赛，还会联合其他学校举办校园间的体育比赛。所以，同学们平时要多运动，多锻炼，到时为我校争光。"

体育小课堂

最近中共中央办公厅、国务院办公厅印发了《关于全面加强和改进新时代学校体育工作的意见》（以下简称《意见》）。

《意见》中说：学校体育是实现立德树人根本任务、提升学生综合素质的基础性工程，是加快推进教育现代化、建设教育强国和体育强国的重要工作，对于弘扬社会主义核心价值观，培养学生爱国主义、集体主义、社会主义精神和奋发向上、顽强拼搏的意志品质，实现"以体育智、以体育心"的独特功能。

《意见》要求各学校严格落实体育课程，不断拓宽课程领域，并逐渐增加课时，丰富体育课内容，逐步完善"健康知识＋基本运动技能＋专项运动技能"的学校体育教学模式。学校要教会学生科学锻炼和健康知识，指导学生掌握跑、跳、投等基本运动技能和足球、篮球、排球、田径、游泳、体操、武术、冰雪运动等专项运动技能。

《意见》要求学校健全体育锻炼制度，广泛开展普及性体育运动，定期举办学生运动会或体育节，组建体育兴趣小组、社团和俱乐部，推动学生积极参与常规课余训练和体育竞赛。合理安排校外体育活动时间，着力保障学生每天校内、校外各有一个小时体育活动时间，促进学生养成终身锻炼的习惯。

《意见》还要求学校健全体育竞赛和人才培养体系。要求学校建立校内竞赛、校际联赛、选拔性竞赛为一体的大中小学体育竞赛体系，构建国家、省、市、县四级学校体育竞赛制度和选拔性竞赛（夏令营）制度。大中小学校建设学校代表队，参加区域乃至全国联赛。加强体教融合，广泛开展青少年体育夏（冬）令营活动，鼓励学校与体校、社会体育俱乐部合作，共同开展体育教学、训练、竞赛，促进竞赛体系深度融合。深化全国学生运动会改革，每年开展赛事项目预赛。加强体育传统特色学校建设，完善竞赛、师资培训等工作，支持建立高水平运动队，提高体育传统特色学校的运动水平。

🏃 体育老师说

中共中央办公厅、国务院办公厅的这个《意见》非常好。"少年强，则国强"，经常进行体育锻炼不仅能提高学生身体素质，也能丰富学生的精神世界，锤炼学生的意志，学校应该多举办一些体育比赛，比如：春季运动会、秋季运动会、体育文化节、一些锦标赛等，让学生在比赛中不断进步。

二 认识体育夏令营

导读站

快放暑假时，甜甜跟"博士"张博说："马上要放暑假了，我是又高兴又忧愁。"

"博士"不解道："啊？放假还忧愁？难道你不想放假？"

甜甜摇头道："当然不是了！放假了就不用那么拼命学习了，我也有更多的时间去运动了，但是我们的体育老师也放假了，谁来给我专业的指导呢？"

"博士"说："这个好办啊，你报一个对应的体育夏令营就行了。"

篮球夏令营

体育小课堂

夏令营是专门在暑假期间给青少年提供的一套受监管的活动，举办单位通过一些有教育意义的活动让参加者从中学习到相应的知识。

在特定的环境下，夏令营举办方通过一系列系统、有效的体验式课程和训练，让青少年的潜能得到提升，心智得到历练，独立能力和团队协作能力都得到提升。

现在夏令营的种类非常丰富，不同的种类对应不同的活动，有以励志健心为主题的心理训练营，有以培养艺术才能为主体的艺术训练营，也有以培养青少年各项体育运动技能为主的体育夏令营。

同学们想要学习一些运动技能，就可以报一个体育夏令营。不过体育夏令营也分为不同专题的夏令营，比如足球夏令营、篮球夏令营、游泳夏令营、舞蹈夏令营等，同学们可根据自己的需求选择相对应的某一专题的体育夏令营。

针对孩子的暑假夏令营，一般训练时间大多在 10 ~ 15 天，上午、下午都会安排一定的训练课程，并且配有专门的教练进行训练。这样的专项训练不仅能提高孩子的体育技能，锻炼孩子的身体，还能让孩子们在训练比赛中学会拼搏、团结和合作等。

有些体育夏令营是全封闭式的，这个环境不同于以往的家庭和学校，是一个全新的环境。几十个孩子同吃同住，大家每天一起训练，一起拼搏，相互鼓励，从陌生到熟悉，在这里孩子们不仅要完成所有的体育训练内容，还要自己处理生活上的一些琐事，包括跟其他队员的关系等，这样的训练对提升孩子的自理能力很有帮助，是学校教育和家庭教育的良好补充。

根据有关数据显示，参加夏令营的孩子中有 96% 的孩子结交了新朋友；92% 的孩子认为通过夏令营发现了自己的长处，从而变得更自信；74% 的孩子克服了平时的怯懦，做了以前不敢做的事情。参加夏令营的父母也认为孩子参加夏令营后变得更加自信了，一些坏习惯得到明显改善。

概括起来，体育夏令营的作用有以下几方面：

（1）通过训练可以提高孩子的自我管理能力和上进心。

（2）可以培养孩子的团队合作精神。

（3）孩子在独立处理自己的事情时，能体会到父母的艰辛，理解父母的不易，从而对父母心生感激，也会对社会产生一种责任感，进而塑造孩子的健全人格。

（4）能激发出孩子热爱生活、热爱自然、热爱学习的原动力。

（5）能帮助孩子改掉不良习惯，养成良好的生活习惯。

（6）在训练过程中能锻炼孩子的胆量和勇气，培养孩子的防范意识。

（7）通过让孩子们在一起训练来培养孩子乐于助人、团结友爱、无私奉献的革命精神。

现在的体育夏令营五花八门，应该怎么去选择呢？最好根据孩子的兴趣来选，因为兴趣是孩子最好的老师，当有了兴趣后孩子会学得更快、更用心。像足球、篮球、马术等夏令营，可以提高孩子的运动技能。当孩子的运动技能提升后，在社交中就能增加孩子的自信心，这种自信心又化为兴趣推动孩子学得更好，从而让孩子变得更加优秀。

此外，在选择夏令营的时候还要考虑安全性、专业性，尽量选择一些经验丰富的教育机构，还要看助教、生活老师是否有较强的责任心，是否能跟孩子好好沟通，能否正确处理一些紧急事件等。

家长要多了解几家夏令营，然后根据自己孩子的实际情况选择适合孩子的体育夏令营，这样才能获得好的效果。

体育老师说

现在的中小学生学习压力比较大，平时运动的时间也不多。家长可以给孩子报一些体育夏令营、冬令营，让孩子有充足的时间去运动、锻炼，学习一些课本之外的知识，让孩子有机会去发现自己的长处。在选择的时候，父母要替孩子把好关，要根据孩子的实际情况去选择。

三　激动人心的运动会

导读站

　　"博士"张博最近有点发愁，因为今年的运动会老师要求同学们都积极参与，虽然次次文化课考试"博士"都是第一名，但是体育成绩却很不理想，没有一样拿手的，自己到底要报哪一项呢？

　　跑步、接力赛？自己不仅跑不快，也跑不远，这类的不行；跳高、跳远？自己的身体自己清楚，还是不要折腾了；扔沙包、投掷实心球、跳绳，虽然很快就能学会，但是想要取得好成绩没有基础可不行；各种球类运动，还是直接放弃算了。

　　"博士"想得头都疼了，也没想到适合自己的，最后只好去与体育委员商量。体育委员想了想说："要不你去参加大课间操吧，这个体操我们天天做，你也会，你只要跟大家保持节奏一致，动作做到位就行。"

　　"博士"听了体育委员的一番分析很高兴地同意了，他暗暗下定决心：从今天就开始运动，这个学期自己一定要掌握一项运动技能，以免以后的运动会自己还是没有一样能拿得出手的。

体育小课堂

　　运动会是指体育运动的竞赛会，也是包括很多比赛项目的运动比赛。最早的运动会就是古希腊的古代奥运会。

　　世界上大型的运动会主要有国际奥林匹克运动会、欧洲运动会、泛美运动会、全非运动会、亚洲运动会。

　　我国已经举办了 1990 年第十一届北京亚运会、2008 年第二十九届北京夏季奥运会、2010 年第十六届广州亚运会，并将于 2022 年举办第二十四届冬季奥林匹克运动会。

　　我国国内水平最高、规模最大的综合性运动会就是中华人民共和国全国运动会，简称为"全运会"。全运会的比赛项目除了武术外，基本跟奥运会相同，也是每四年举办一次，通常在奥运会前后举办。

　　1959 年，我国在北京举办了第一届全运会，当时参加的选手有一万多人，共设置了足球、篮球、田径、体操、游泳、武术、中国摔跤、中国象棋、射击、航海等 36 个比赛项目，以及击剑、赛车场自行车、国际象棋、水上摩托艇等 6 个表演项目。当时有 2 人 2 队四次打破了世界纪录。

　　在 1975 年第三届全运会上，将比赛项目分为成年组和少年组，还增加了冰球、速度滑冰、花样滑冰、滑雪等比赛项目。

2021 年 9 月 15 ～ 27 日，我国将在陕西举办第十四届全运会。第十一届全国残疾人运动会暨第八届特殊奥林匹克运动会也将于 2021 年 10 月 22 ～ 29 日在陕西举行。

体育老师说

　　同学们，你们在参加运动会时要注意遵守赛场纪律，服从裁判员的指挥，没有比赛项目的同学不要在赛场穿行、玩耍，要在指定的地方观看比赛，以免造成伤害。

　　进行短跑等项目时，要在自己的跑道上跑步，不要串跑道，以免造成伤害，不要破坏竞赛规则，尤其是将要跑到终点时，更要遵守规则。在投掷项目时，要按照老师的口令行动，不能擅自行动，以免造成伤害。

　　比赛前要做好充分的热身活动，比赛前后要注意保暖，预防感冒。比赛结束后，不要马上停下来休息，要做一些放松活动。要记得剧烈运动后，不要马上大量饮水、吃冷饮，也不要立即用冷水冲头或洗澡。

四　我要代表国家去比赛

导读站

要上台了，甜甜有些紧张，虽然之前参加过很多比赛，但这是她第一次参加青少年啦啦操锦标赛。

旁边的一个女孩看出了甜甜的紧张，微笑着说："甜甜，你扎丸子头非常好看，就像一只美丽的白天鹅。"

听到她的夸奖，甜甜很开心，就将紧张忘记了。踏着音乐的节拍，甜甜她们入场了，展臂、踢腿、跳跃、前滚翻、侧手翻……甜甜跟大家一起边跳边变换队形，她们的动作赢得了观众的阵阵喝彩。

体育小课堂

"锦标"一词，源于中国古代一项竞渡活动。

唐代的时候，为了裁定龙舟竞渡的名次，组织者在比赛的终点放置一根长竿，竿上缠绕着鲜艳的锦缎彩绸，也就是"锦标"，谁夺得这个"锦标"谁就是冠军。

之所以放置"锦标"，原因有两点：一是锦标醒目，容易被大家看到，可以作为比赛终点的标志；二是锦标比较昂贵，可以作为优胜者的奖品。

于是，龙舟竞渡也就成了古代的"锦标赛"，并且沿用到今天，成为体育竞赛的一种。不是所有的比赛都叫锦标赛，只有那些最高水平的比赛才有资格叫锦标赛。

锦标赛也叫"单项锦标赛""冠军赛"，是某项运动的最高荣誉，是指不同地区或竞赛大组中优胜者之间的一系列决赛之一。一般能参加锦标赛的都是高手中的高手，并且数量有限。

锦标赛中世界锦标赛(简称世锦赛)的规模最大，主要赛式有以下几种。

（1）国际羽联世界锦标赛。国际羽联世界锦标赛也叫世界羽毛球锦标赛，是由国际羽毛球联合会组织的一项羽毛球单项比赛，从 2006 年开始改为一年举办一届。如果在这次比赛中赢得了比赛，那就真的是世界冠军了。

（2）世界乒乓球锦标赛。世界乒乓球锦标赛是由国际乒乓球联合会组织的一项世界乒乓球比赛，赢得这场比赛就象征着赢得了乒乓球运动的最高荣誉。

（3）世界篮球锦标赛。世界篮球锦标赛也叫男篮世锦赛，是由国际篮球联合会组织的一项国际性男子篮球赛事，如果在这场比赛中获得冠军，就赢得了奥运男篮参赛资格。

（4）斯诺克锦标赛。斯诺克锦标赛开始于 1916 年。1927 年，在伦敦举办了第一届斯诺克台球世界职业锦标赛，乔·戴维斯获得冠军，成为世界上最出色的斯诺克选手。

🏃 体育老师说

　　同学们，做什么事情都要一步一步来，体育竞赛也是。想要走出国门，走向世界，你可以先参加当地的比赛，从当地脱颖而出后，再获得国家锦标赛的冠军，然后代表国家去征服世界。

五　我们一起看奥运会

导读站

受新冠肺炎疫情的影响，同学们都在家上网课。课间休息的时候虽然不能像之前那样跟同学们面对面地聊天，但是大家在同学群里一样聊得热火朝天。

晨晨说："特大消息！特大消息！受疫情影响，2020 年的东京奥运会将推迟到 2021 年了。"

晨晨刚发完，涛涛就发出了泪流满面的表情包，他说："这真是一个坏消息！"

体育小课堂

奥运会是奥林匹克运动会的简称，是世界上规模最大的综合性运动会，也是世界上影响力最大的一场体育盛会，每 4 年举办一届，每一届的会期不超过 16 天。

举办奥运会的目的是为了鼓励人们不断进行体育运动。奥运会由夏季奥林匹克运动会、夏季残疾人奥林匹克运动会、冬季奥林匹克运动会、冬季残疾人奥林匹克运动会、夏季青年奥林匹克运动会、冬季青年奥林匹克运动会、世界夏季特殊奥林匹克运动会、世界冬季特殊奥林匹克运动会、夏季聋人奥林匹克运动会、冬季聋人奥林匹克运动会十个项目共同组成。

早在公元前 776 年，古希腊人就在奥林匹亚小镇举办了历史上第一届古代奥运会，不过后来因为种种原因古代奥运会没能延续下来。

1889 年，在法国巴黎召开的国际田径代表大会上，法国教育家皮埃尔·德·顾拜旦（后来被尊称为"奥林匹克之父"）提出了恢复奥运会的设想。

1896 年，在国际体育运动代表大会上，通过了复兴奥运会的决议，并通过了第一部由顾拜旦倡议和制定的《奥林匹克宪章》。6 月 23 日，大会通过了成立国际奥林匹克委员会的决议，这一年在希腊雅典举办了首届现代奥运会。

1928 年，在阿姆斯特丹奥运会上首次出现了奥运圣火。

1948 年，国际奥委会将 6 月 23 日定为"国际奥林匹克日"，以纪念国际奥委会的诞生。

1972 年，在慕尼黑奥运会上首次出现了吉祥物，从此以后吉祥物成为奥运会形象特征的主要成分，现在奥运吉祥物已经成为当届奥运会吸引大家的亮点之一。

奥林匹克运动会有自己独特的象征性标志，如奥林匹克标志、格言、奥运会会旗、会歌、会徽、奖牌、吉祥物等。

奥林匹克的五环标志是由蓝、黑、红、黄、绿 5 种颜色的圆环套接组成。环环相扣象征着五大洲的团结、和平，象征着全世界的运动员将以公正、坦率的比赛和友好的精神在奥林匹克运动会上相见。

奥运会还有开幕式和闭幕式。开幕式的文艺演出主要展示主办国的历史文化、生活风貌，比如 2008 年北京奥运会就展示了四大发明、丝绸之路、武术等中华历史文化。开幕式还要将奥林匹克火炬接力跑进运动场，最后一名接力运动员要沿跑道绕场一周，然后点燃奥林匹克圣火，放飞白鸽。闭幕式也有文艺表演，最后熄灭奥林匹克圣火，运动员狂欢，奥运会结束。

奥林匹克运动会将体育运动的多种功能发挥得淋漓尽致，并产生了一系列不容忽视的影响，其影响力远远超过了体育的范畴，是人类社会的罕见杰作。

奥运会到底是什么？"奥林匹克之父"顾拜旦曾说：奥运会最重要的不是胜利，而是参与；这就像生活中最重要的事不是成功，而是奋斗；最本质的事不是征服，而是努力拼搏。

体育老师说

一般情况下，奥运会期间每项比赛结束后都会立即进行颁奖，获得前三名的运动员要身穿正式服装或运动服登台领奖，冠军的位置稍高，亚军、季军分站两侧。冠军代表团国家的旗帜将从中央旗杆升起，第二、第三名代表团国家的旗帜分别从两边升起，只奏冠军代表团国家的国歌。

同学们，希望你们能好好锻炼身体，让我们的国歌在奥运赛场上响起，我将以你们为傲！